Diogenes Taschenbuch 21789

W0187582

Friedrich Dürrenmatt

Achterloo

Komödie
Mit einem Nachwort
des Autors

Diogenes

Umschlagillustration:
Friedrich Dürrenmatt, ›Die Astronomen‹,
1952 (Ausschnitt)

Inhalt

Achterloo
Komödie

Personen

Professor/Napoleon
Georg Büchner/Benjamin Franklin
Louis/Marx II
Plon-Plon/Marx I
Cambronne/Papst Johannes XXIII.
Jeanne d'Arc
Frau von Zimsen/Richelieu
Woyzeck/Jan Hus
Robespierre/Fouché/Kaiser Sigismund
Müller I/Papst Gregor XII.
Müller II/Papst Benedikt XIII.

Erster Akt

Raum mit elf (vom Zuschauerraum aus gesehen) offenen Flügeltüren, rechts außen hinter Bühnenportal freier Abgang.

Dahinter nichts.

In der Mitte des Raumes Büchner an einem Tisch voller Papiere, Präparate von Fischen und Kröten. Er schreibt und schreibt.

Links auf der Bühne eine weibliche Schneiderpuppe, schwarz, darüber roter Kardinalsmantel; drei Stühle und rechts Reste eines Skeletts, unauffällig.

Auf dem Boden Lexikonbände und Manuskripte, vollgeschriebene Einzelblätter.

Der Professor tritt auf, schaut sich um.

PROFESSOR Achterloo. Irgendwo. Offene Flügeltüren und dahinter nichts. Als ob es nichts als dieses Achterloo gäbe. Vielleicht gibt es nichts mehr außer Achterloo. Ich hab mich ein Leben lang gefürchtet, nach Achterloo zu kommen. Schon als Kind habe ich mich davor gefürchtet. Vor einem unheimlichen Reim. ›Liebe Kinder, wißt ihr, wo / Fingerhut zu Hause? /

Tief im Tal von Acherloo / Hat er Herd und Klause.‹
Und nun bin ich nach Achterloo gekommen. Weil ich
einen Frieden gestiftet habe. Ich weiß nicht mehr wo
und zwischen wem. Ich weiß nur, daß der Friede, den
ich gestiftet habe, einen Krieg möglich machte, weil
sich Krieg auf Frieden reimt wie Achterloo auf Acherloo, und ich weiß, daß ich von der Macht korrumpiert
wurde, weil ich im Namen einer korrupten Freiheit
eine Macht bekämpfte, die im Namen einer korrupten
Gerechtigkeit handelte, und endlich weiß ich, daß ich
versucht habe, auf einem irrationalen Schachbrett rational zu spielen, mit meiner Vernunft eine Bestie
einzupuppen, deren Instinkt den Kokon zerreißt. Die
Bestie heißt Menschheit. Ich habe den Versuch aufgegeben.

Er zieht einen Revolver hervor.

PROFESSOR Ich kehre wieder zurück in das Nichts, aus
dem ich nach Achterloo gekommen bin.

Er erschießt sich.

*Frau von Zimsen tritt durch Türe 2 auf, im eleganten
Smoking, schlendert über die Bühne, besichtigt sie, nimmt
von der Schneiderpuppe den Kardinalsmantel, geht durch
Türe 2 ab.*

Büchner schaut auf.

BÜCHNER ›Meyers Konversationslexikon‹ 1893 nennt
mich im dritten Band Biot bis Chemikalien einen

talentvollen Dichter. Geboren bin ich am 17. Oktober 1813 in Goddelau unweit Darmstadt, gestorben am 19. Februar 1837 in Zürich. Am Nervenfieber. Nach ›Meyer‹. Von meinen poetischen Werken werden nur ›Dantons Tod‹ und ›Leonce und Lena‹ erwähnt. Das Novellenfragment ›Lenz‹ und der noch bedeutendere ›Woyzeck‹ werden übergangen.

Wirft das Lexikon fort.

BÜCHNER Tagsüber seziere ich in der Spiegelgasse 12 Fische, Frösche und Kröten, um mich auf meine Vorlesung auf der Universität Zürich über Vergleichende Anatomie der Fische und Amphibien vorzubereiten, aber nachtsüber schreib ich an zwei neuen Theaterstükken, einem über den korrupten und bösartigen Renaissanceschriftsteller Pietro Aretino, durch die Schlamperei meiner Familie, die in mir nur den Naturforscher sah, verlorengegangen, und das andere spielt am Morgen des 12. und am Morgen des 13. Dezember 1981 in Warschau, in einer Zeit also, in der ich, der ich sie schreibe, nicht bin. Ein doppelt verrücktes Unternehmen, werden Sie sagen und sich fragen, aus Neugier hierher verirrt, was denn ich auf der Bühne von der Zeit wissen könne, in der die Handlung spielt, von eurer Gegenwart, deren Wellenschlag euch noch berührt. Ich habe nur noch wenige Wochen zu leben. Drei Jahre vor meinem Tod habe ich an meine Braut geschrieben: »Ich studierte die Geschichte der Revolution. Ich fühle mich wie zernichtet unter dem gräßlichen Fatalismus der Geschichte. Ich finde in der Menschennatur eine entsetzliche Gleichheit, in den menschlichen Verhältnissen eine unabwendbare Gewalt, allen und keinem verliehen. Der Einzelne nur Schaum auf der Welle, die Größe ein bloßer Zufall, die Herrschaft des Genies ein Puppenspiel, ein lächerliches Ringen gegen ein ehernes Gesetz, es zu erkennen das Höchste, es zu beherrschen unmöglich.« Die Schädel meiner Präparate mit dem Seziermesser drei Jahre später zerteilend, beginne ich die Gesetze, die diesen Lebewesen zugrunde liegen, zu erkennen, sie sind erhaben, einfach und schön wie das Gesetz der Notwendigkeit, sie liegen auch uns zugrunde wie allem Lebendigen, aber ich erkenne nicht nur, ich erlebe auch, was ich erkenne, die Schönheit der Notwendigkeit wird zu etwas Entsetzlichem. Das Antlitz der Medusa starrt mich an. Das Muß ist eins von den Verdammungsworten, womit der Mensch getauft worden. Was ist das, was in uns lügt, mordet, stiehlt? Und weil auch ihr unter diesem Muß steht, ist auch eure Zeit, von meiner Zeit aus gesehen, voraussehbar. Darum mußte ich diese Komödie zu schreiben beginnen und darum muß ich sie zu Ende schreiben.

Schreibt weiter.

Durch Türe 1 Plon-Plon mit Spitalbett, von Türe 2 Louis mit Rasierstuhl, beide in Ärztemänteln. Plon-Plon stellt das Bett links von der Mitte der Bühne, Louis den Rasierstuhl rechts im Vordergrund auf.

LOUIS Professor Sigmund Freud.
PLON-PLON Professor Hans Löffel.
LOUIS Da liegt der Professor wieder.
PLON-PLON Hat sich wieder einmal erschossen.

LOUIS Unfaßlich, daß der einmal Außenminister gewesen ist.

PLON-PLON Wahnsinnig geworden.

LOUIS Wir sind ja auch in einem Irrenhaus.

PLON-PLON Todestrieb.

LOUIS Hören Sie endlich auf mit Ihrem ewigen Todestrieb.

PLON-PLON Todestrieb! Todestrieb!

LOUIS Die anderen Ärzte sind wieder einmal auf einem Kongreß.

PLON-PLON Das Personal streikt.

LOUIS Scheißsozialismus.

PLON-PLON Wecken wir ihn?

LOUIS Aufwachen, Professor.

Rüttelt den Professor.

PROFESSOR Wieder Platzpatronen.

LOUIS Wenn Sie brav Ihre Rolle spielen, kriegen Sie nächstes Mal echte.

PROFESSOR Rolle?

LOUIS Die Rolle für die Rollentherapie, Professor.

PLON-PLON Wir wollen doch wieder gesund werden, Professor.

PROFESSOR Gesund?

Böse.

PROFESSOR Ich bin gesund.

Rast durch Türe 7 hinaus, Plon-Plon durch 6, Louis durch 7, die beiden führen Napoleon durch Türe 6 im Polizeigriff wieder herein, ziehen ihm eine Zwangsjacke an.

LOUIS Natürlich sind Sie gesund, Professor. Nur nervlich etwas angegriffen. Darum Rollentherapie, Professor.

PLON-PLON Für die Balance. Für das seelische Gleichgewicht. Ein kurzer Griff ins Unterbewußte wirkt Wunder.

PROFESSOR Wo sind denn die anderen Ärzte?

LOUIS Auf einem Kongreß.

PROFESSOR Immer sind sie auf einem Kongreß.

Zwangsjacke zugebunden.

PLON-PLON Und das Personal streikt.

PROFESSOR Scheißkapitalismus.

LOUIS Trotzdem, Professor, Rolle spielen.

PROFESSOR Bekomm ich nachher echte Patronen?

LOUIS Aber ja.

PLON-PLON Versprochen.

PROFESSOR Wie heißt das Stück?

LOUIS ›Napoleon will endlich schlafen.‹

BÜCHNER Ein Zeitstück.

Plon-Plon nimmt ein Manuskript vom Tisch des schreibenden Büchner. Louis installiert sich als Chefarzt, das Rollenspiel beobachtend, bald hier, bald dort auf der Bühne.

PLON-PLON Georg Büchner hat es für uns geschrieben.

PROFESSOR Georg Büchner?

PLON-PLON Georg Büchner.

Tippt sich an die Stirne.

PROFESSOR Ach so.

BÜCHNER Es treten in Warschau 1981 auf: Napoleon, seine Neffen, Cambronne, Fouché, Richelieu, Robespierre, Jeanne d'Arc, Woyzeck, Jan Hus, Karl Marx, Kaiser Sigismund, Papst Johannes XXIII., Papst Gregor XII., Papst Benedikt XIII. und Benjamin Franklin.

PROFESSOR Ich spiele Benjamin Franklin. Er spielt den amerikanischen Außenminister.

Büchner schaut auf.

BÜCHNER Sind Sie Naturforscher?

PROFESSOR Nein.

BÜCHNER Ich spiele Benjamin Franklin.

PROFESSOR Schön. Dann spiele ich Napoleon. Auch wenn ich Metternich verehre. Geboren am 15. August 1769 in Ajaccio auf Korsika, bin ich am 5. Mai 1821 abends sechs Uhr während eines furchtbaren Sturms an Magenkrebs auf Sankt Helena gestorben. Ihr seid meine Neffen.

BÜCHNER Professor Hans Löffel spielt Charles Louis Napoleon,

NAPOLEON den jüngsten Sohn meines Bruders Louis, den ich zum König von Holland machte, und meiner Stieftochter Hortense.

LOUIS Den soll ich spielen?

NAPOLEON Sie sollten geschmeichelt sein. Louis wurde schließlich als Napoleon III. Kaiser der Franzosen.

BÜCHNER Sigmund Freud spielt Napoléon Joseph Charles, Plon-Plon genannt,

NAPOLEON den Sohn des Königs von Westfalen, Jérôme, meines jüngsten Bruders, und der Katharina, Prinzessin von Württemberg. Ich liebe deutsches Blut.

PLON-PLON Plon-Plon? Der ist doch politisch völlig harmlos!

NAPOLEON Sigmund Freud! Ich erinnere mich, Ihre Abhandlung ›Der Witz und seine Beziehung zum Unbewußten‹ gelesen zu haben. Den Witz, den es braucht, einen politisch völlig harmlosen Menschen darzustellen, traue ich nur Ihnen zu.

Plon-Plon verneigt sich.

NAPOLEON Ich beschäftige meine Neffen als Kammerdiener. Ich bin sentimental und nachsichtig geworden.

Napoleon räkelt sich.

NAPOLEON Die ganze Nacht eine Konferenz nach der andern. Todmüde. Ab ins Bett. Louis, niemand vorlassen.

Geht zum Bett, zieht die Schuhe aus, legt sich hin.

Plon-Plon mit einem Herrenmagazin.

PLON-PLON Die neue Zeitung der Freien Gewerkschaft.
NAPOLEON Auflage?
LOUIS Acht Millionen.

Plon-Plon gibt Napoleon das Magazin.

NAPOLEON Mit einem Bild Jeannes?
PLON-PLON Mit einem Aktbild Jeannes.

Hinten in Türe 6 erscheint Jeanne d'Arc in einer zugebun-
denen Zwangsjacke, geht zu Napoleon, stellt sich aufs Bett,
ans Fußende.

JEANNE Mit meinem Aktbild. Ich bin Jeanne d'Arc: als
   Hexe am 30. Mai 1431 in Rouen verbrannt, heiligge-
   sprochen am 30. Mai 1920 durch Papst Benedikt xv. Bei
   Shakespeare komme ich in ›Heinrich vi.‹ als la Pucelle
   vor. Schiller nennt mich die Jungfrau von Orléans,
   George Bernard Shaw die heilige Johanna. Jetzt bin ich
   Callgirl.

Fällt rückwärts aufs Bett, das Napoleon entsetzt verläßt.

NAPOLEON Ist das nicht die Verrückte, die sich einbildet,
   Judith zu sein?
LOUIS Jawohl, lieber Onkel.
NAPOLEON Hat sie nicht Obersteuerinspektor Hasler –?
PLON-PLON Sie hat.
LOUIS Mit einem Messer.
PLON-PLON Bei einem Rückfall kommt sie wieder in die
   Gummizelle.

Jeanne beginnt zu toben, Plon-Plon wirft ein Netz über sie
und schiebt das Bett durch Türe 1 hinaus.

Louis beginnt von 1 bis 11 alle Türen zu schließen.

Eine Gestalt in der Uniform eines napoleonischen Generals
tritt durch Türe 8 auf und kräht.

CAMBRONNE Mer – Mer – Mer!

Ab.

BÜCHNER Cambronne.

LOUIS Er versucht sich an sein berühmtes Wort zu erinnern.

NAPOLEON Ich ernannte ihn vor der Schlacht bei Waterloo zum Generalleutnant meiner Garde, Grafen und Pair. Ich war immer großzügig.

Frau von Zimsen tritt durch Türe 1 auf, im roten Kardinalsmantel.

DIE ZIMSEN Mein Kostüm. Aus Familienbesitz. Reinhold von Zimsen hat es getragen.

Ab durch Türe 7.

NAPOLEON Alter Adel. Frau von Zimsen ist die letzte ihres Geschlechts, ich bin der erste meines Geschlechts.

Woyzeck kommt durch Türe 5 in einem Pullover und mit Aktentasche.

WOYZECK Rasieren, Herr General. Auf Befehl Fouchés.

NAPOLEON Ich will ins Bett, Woyzeck.

WOYZECK Ein dunkler Morgen. Kalt. Zum Glück trag ich einen warmen Pullover. Der Winter kommt.

Bindet Napoleon das Rasiertuch um.

Büchner geht nach vorne und souffliert diskret.

WOYZECK Und die Freimaurer.

NAPOLEON Langsam, Woyzeck, langsam.

WOYZECK Das hat der Hauptmann...

NAPOLEON auch immer gesagt. Das weiß ein jeder. Ein jeder weiß das.

Woyzeck schlägt Seifenschaum.

WOYZECK Die Schwämme, Herr General, da, da steckt's. Haben Sie schon gesehen, in was für Figuren die Schwämme auf dem Boden wachsen? Wer das lesen könnt!

Er stutzt.

WOYZECK Da schaut uns jemand zu.

Schaut in den Zuschauerraum.

NAPOLEON Tatsächlich.

Plon-Plon kommt durch Türe 1 mit dem leeren Bett.

LOUIS Na und?

PLON-PLON Achterloo hat heute den Tag der offenen Tür.

LOUIS Beruhigen Sie sich, lieber Onkel.

NAPOLEON Ich bin beruhigt, aber die da unten sind nicht beruhigt und die da oben auch nicht.

Weist auf die oberen Ränge.

NAPOLEON Die wohnen einem Spiel bei, das von einem Unikum zusammengeschmiert ist, das sich für Georg Büchner hält. Wem kämen da nicht Bedenken? Zwar spielen wir frisch drauflos, von keinem beruflichen Ehrgeiz gepackt, und was die Realität betrifft, so gibt es auf der Bühne keine andere als jene, die wir spielen.

Woyzeck seift ihn ein.

NAPOLEON Doch wie steht es mit eurer Realität, ihr da unten und ihr da oben? Wenn meine Worte euch erreichen, hat sich alles schon verspätet, der Schall braucht eine gewisse Zeit, bis er euch erreicht, und sei es nur eine Hundertstelsekunde, er dringt aus der Vergangenheit zu euch, aber wir alle sind schon anderswo in dieser Hundertstelsekunde, die Erde dreihundert Meter um die Sonne gewirbelt, die Sonne inzwischen zweihundert Meter gegen den Herkules zugerast und gleichzeitig mit der Drehung der Milchstraße in Richtung des Schwans zwei Kilometer, und auch die Milchstraße saust mit uns siebenhundertfünfzig Meter dem Andromedanebel entgegen. Wir sprechen von Realität und wissen nicht, in welchen Zeiten und Räumen wir uns bewegen. Die Bühnenrealität, die wir spielen, ist ebenso unwirklich wirklich wie jene Realität, in der ihr euch als neugierige Besucher in Achterloo befindet: Beide sind Vergangenheit, nehmen wir sie wahr, versunken im Abgrund des Nicht-mehr-Seins.

WOYZECK Eingeseift, Herr General.

Louis tritt an die Rampe.

LOUIS Meine Damen und Herren, verehrte Kollegen, liebe Pa – liebe Freunde. Ich allein bin Arzt. Sigmund Freud ist ein Damenschneider, dessen Namen mitzuteilen mir meine ärztliche Schweigepflicht verbietet. Nicht weiter schlimm, meine Damen und Herren.

Plon-Plon geht durch Türe 1 und knallt sie zu.

LOUIS Für Ihre Sicherheit ist gesorgt. Im Ernstfall die Notausgänge benutzen.

WOYZECK Rasieren, Herr General.

NAPOLEON Er hat den Hauptmann unter dem Rasiermesser gehabt, Woyzeck, den Hauptmann und den Tambourmajor, die beide mit der Marie geschlafen hatten. Beide. Hat Er ihnen die Kehle durchschnitten? Wenn ich sag: Er, so mein ich Ihn, Ihn –

WOYZECK Ich rasier, Herr General.

Rasiert.

NAPOLEON Der Marie hat Er die Kehle durchschnitten, Woyzeck. Der Marie.

WOYZECK Nicht mit meinem Rasiermesser, Herr General.

NAPOLEON Mit einem Messer, das Er von einem Jud gekauft hat.

WOYZECK Mein Rasiermesser ist mir heilig, Herr General.

NAPOLEON Nicht schwatzen, rasieren.

WOYZECK Jawohl, Herr General.

Rasiert.

NAPOLEON Nicht ist Ihm heilig, Woyzeck, nichts. Kaum hatte man Ihn begnadigt und zum Scharfrichter ernannt, vor zwanzig Jahren, hat Er eine Stunde später dem Chef der Partei die Kehle durchschnitten. Mit Seinem Rasiermesser. Ist das heilig?

WOYZECK Ich rasier Sie ja auch mit meinem Rasiermesser, Herr General.

NAPOLEON Fünfmal hat Er seither einem Chef die Kehle durchschnitten. Einem Chef der Partei, Woyzeck! Fünfmal! Macht fünf Parteichefskehlen, die Er durchschnitten hat. Das ist enorm, Woyzeck.

WOYZECK Auf Befehl des Generalsekretärs der Partei, Herr General. Der steht höher als ein Chef der Partei. Das ist kurios, Herr General.

NAPOLEON Jetzt ist Joseph Fouché Generalsekretär.

WOYZECK Und Sie Chef der Partei, Herr General.

Rasiert, singt dabei.

WOYZECK Es ist ein Schnitter, der heißt Tod, bald wetzt er das Messer –

Cambronne geht stumm von rechts nach links über die Bühne, sein Wort suchend.

Ab.

NAPOLEON Woyzeck. Er ist ein guter Mensch. Aber Er hat keine Moral.

WOYZECK Unsereins ist nicht in der Partei, Herr General.

Rasiert.

NAPOLEON Hat Er die neuste Zeitung der Freien Gewerkschaft gesehen, Woyzeck?

Weist auf das Magazin.

WOYZECK Unsereins schaut sich so was nie an, Herr
General. Unsereins hat keine Mannskraft nicht mehr.
NAPOLEON Jeanne ist ein schönes Weib.
WOYZECK Vielleicht ist sie meine Tochter, Herr General.
Vielleicht ist sie die Tochter des Tambourmajors oder
des Hauptmanns oder vielleicht noch von einem anderen. Ihre Mutter, die Marie, war eine Hur, aber Jeanne
ist eine Heilige. Weil sie die Tochter des Volkes ist. Sie
kann sich nackt fotografieren lassen, sie bleibt eine
Heilige. Sie kann mit den Parteifunktionären und mit
den Diplomaten schlafen, sie bleibt eine Heilige. Nur
unsereins kann sündigen, Herr General. Ich glaub,
wenn wir in den Himmel kämen, so müßten wir
donnern helfen.

Rasiert.

WOYZECK Robespierre ist gelandet.

*Durch Türe 5 kommt der Transvestit, im Frack und mit
Zylinder und mit der Trikolore als Schärpe. Singt.*

ROBESPIERRE ›Weißt du, wo die Genossen sind, wo sind
sie geblieben?‹

Lacht.

ROBESPIERRE Ich bin gelandet. Maximilien Marie Isidor de Robespierre. Geboren am 6. Mai 1758 zu Arras, hingerichtet am 28. Juli 1794 auf der Place de la Concorde in Paris durch die Guillotine.

Geht rückwärts singend ›Weißt du, wo die Gräber sind‹ durch Türe 5 ab.

NAPOLEON Der Chefideologe.
WOYZECK After-shave, Herr General?
NAPOLEON Ist er bei Fouché?
WOYZECK Bei Jeanne, Herr General. In ihrem Bett.
NAPOLEON Warum ist Er informiert und ich nicht?
WOYZECK Jetzt sind Sie informiert, Herr General.
NAPOLEON Von Ihm, nicht von meinem Geheimdienst. Dunhill.

Fährt sich über den Hals.

NAPOLEON Woyzeck, hat Ihm Fouché –?
WOYZECK Jawohl, Herr General.
NAPOLEON Du sollst mir die Kehle –?
WOYZECK Jawohl, Herr General.

Reibt ihm After-shave ein.

NAPOLEON Warum hast du nicht?
WOYZECK Wenn Sie kein Patriot wären, hätt' ich. Hätt' ich, Herr General. Aber Sie sind ein Patriot, Herr General.
NAPOLEON Bist du sicher?
WOYZECK Jeanne hat's mir gesagt.

NAPOLEON Na ja.

Woyzeck nimmt eine kleine Schere.

WOYZECK In Ihren Nasenlöchern.

Macht sich an ihnen zu schaffen.

WOYZECK Ich denk immer an Vogelnester, schneid ich in Ihren Nasenlöchern herum.

Tritt zurück.

WOYZECK Fertig, Herr General.

Öffnet die Ärmel der Zwangsjacke.

NAPOLEON Geh Er jetzt zu Fouché.

Woyzeck erschrickt.

WOYZECK Zum Generalsekretär der Partei, Herr General?
NAPOLEON Er denkt zuviel, Woyzeck, das zehrt. Er sieht immer so verhetzt aus.

Woyzeck kläglich.

WOYZECK Ich komm doch schon von Fouché, Herr General.

Packt seine Rasierutensilien in die Aktentasche.

NAPOLEON Macht nichts, Woyzeck, macht nichts. Rasier
Er ihn.

WOYZECK Er hat sich schon rasiert, Herr General. Elek-
trisch.

NAPOLEON Nicht sauber genug, nicht gründlich genug.
Nicht für immer, Woyzeck.

WOYZECK Ich weiß nicht, Herr General.

NAPOLEON Fouché ist kein Patriot.

WOYZECK Jawohl, Herr General.

NAPOLEON Geh Er jetzt rasieren, Woyzeck. Langsam,
hübsch langsam die Straße hinunter.

WOYZECK Wie hell! Über der Stadt ist alles Glut! Ein
Feuer fährt um den Himmel und ein Getös herunter wie
Posaunen.

Ab durch Türe 5.

*Durch Türe 5 kommt gleichzeitig der Transvestit als
Fouché, um den Hals ein blutiges Tuch. Singt.*

FOUCHÉ ›Weißt du, wo die Gräber sind, wo sind sie
geblieben?‹

Lacht. Setzt sich Napoleon auf den Schoß.

FOUCHÉ Ich bin Joseph Fouché, geboren 1759, gestorben
1820, ich stimmte für die Hinrichtung Ludwigs XVI.,
wechselte von den Jakobinern zu ihren Verfolgern,
wurde Polizeiminister unter Napoleon und Ludwig
XVIII., eine Möglichkeit, alle Gaben meines scharfen
Verstandes, meines verschlagenen Geistes und meiner
trefflichen Kenntnis der Menschen und Parteien zu

verwerten. Eben bin ich, am Morgen des 12. Dezember 1981, von Woyzeck rasiert worden.

Geht rückwärts singend ›Weißt du, wo die Gräber sind‹ durch Flügeltüre 5 ab.

NAPOLEON Plon-Plon.

Plon-Plon kommt durch Türe 1.

PLON-PLON Lieber Onkel?
NAPOLEON Hunger. Der Schreck ist mir in die Glieder gefahren. Schlafe später.
PLON-PLON Wie Sie wünschen, lieber Onkel.

Ab durch Türe 1.

LOUIS Auftreten, Büchner.
BÜCHNER Ach so.

Sucht in den Papieren.

BÜCHNER Mein Text – ich finde meinen Text nicht.
LOUIS Egal. Reden Sie irgendwas.
BÜCHNER Gefunden.

Tritt als Franklin vor.

NAPOLEON Hei, Benjamin! Sie kommen unangemeldet.

Franklin starrt Napoleon entgeistert an.

NAPOLEON Was haben Sie denn?
FRANKLIN Ich – ich –

Stammelt.

FRANKLIN Ich bin konsterniert. Ihr Text.

Reicht ihm ein Bündel Papiere.

NAPOLEON Danke.

Schmeißt die Papiere in die Ecke.

FRANKLIN Ich bin gekommen, Ihre Leiche zu besichtigen.
NAPOLEON Wer hat Ihnen diesen Bären aufgebunden?
FRANKLIN Die Jungfrau von Orléans.
NAPOLEON Beruhigen Sie sich.
FRANKLIN Oh, pardon.

Stellt sich an die Rampe.

FRANKLIN Ich hab mich gar nicht in meiner Rolle vorge-
    stellt: Benjamin Franklin, geboren am 17. Januar 1706
    als Sohn eines Seifensieders. Schriftsteller, Naturfor-
    scher und Politiker, von 1776 bis 1785 am Hofe Lud-
    wigs XVI. amerikanischer Botschafter in Paris. Außer
    dem Blitzableiter, den ich erfunden habe, überleben
    mich vor allem meine Sprichwörter: Fische und Gäste
    beginnen nach drei Tagen zu stinken, drei können ein
    Geheimnis wahren, wenn zwei tot sind, Ça ira, Zeit ist
    Geld, ein leerer Sack...

Plon-Plon kommt durch Türe 1, klatscht in die Hände.

Alle Flügeltüren öffnen sich auf einen Schlag. In jeder steht ein verwahrloster Irrer mit einem Tablett voller kleiner Party-Häppchen mit Zahnstochern.

PLON-PLON Mon cher oncle est servi.

FRANKLIN Ein leerer Sack kann nicht aufrecht stehen. Gestorben am 17. April 1790.

NAPOLEON Halten Sie mit, Benjamin?

FRANKLIN Mit Vergnügen, Napoleon. Gut gefrühstückt...

NAPOLEON Bitte, Benjamin, kein Sprichwort.

FRANKLIN Aber ich wollte doch gerade eins kreieren.

NAPOLEON Trotzdem nicht.

FRANKLIN Na schön.

NAPOLEON Was hat der Präsident wieder Schlaues vor?

FRANKLIN Sie sollten unseren Präsidenten nicht unterschätzen.

NAPOLEON Greifen wir zu.

Geht nach hinten, nimmt ein Tablett, kann aber wegen der langen Zwangsjackenärmel nicht essen. Kommt mit dem Tablett nach vorne.

FRANKLIN Über dem Teich ist man hochbesorgt. Wären wir nicht um Ihr Land besorgt, wäret ihr schon längst besetzt.

NAPOLEON Ich fürchte mich vor dieser Gefahr weniger als vor euren schlechten Nerven. Arteriosklerotiker stehen Hysterikern gegenüber.

FRANKLIN Es geht unserem Präsidenten um die Freiheit.

NAPOLEON Die wir uns nicht leisten können.

FRANKLIN Wenn Ihr dafür kämpft.

NAPOLEON Was versteht der Präsident darunter?

FRANKLIN Sich wie ein Mann zu erheben.

NAPOLEON Dann?

FRANKLIN Unser Präsident hat Fouché militärische Hilfe
angeboten.

NAPOLEON Fouché hat sich mit Hus verbündet.

FRANKLIN Bei der Jungfrau von Orléans.

NAPOLEON Das Biest bekehrt jeden, mit dem sie schläft.

FRANKLIN Es freut mich, daß Sie mitmachen.

NAPOLEON Selbstmord ist eine private Angelegenheit,
nicht die eines Volkes.

FRANKLIN Was soll das heißen?

NAPOLEON Ich ließ Fouché von Woyzeck rasieren.

FRANKLIN Sie desavouieren unseren Präsidenten?

NAPOLEON Dafür dürfen Sie Fouchés Leiche besichtigen.

FRANKLIN Ich meldete, Sie seien nicht mehr am Leben.

NAPOLEON Voreilig.

*Hus kommt durch Türe 5 in einem neuen Pullover, rennt
nach vorne.*

HUS Ich hab einen neuen Pullover.

BÜCHNER Woyzeck, Sie treten nicht mehr auf.

HUS Ich spiele jetzt nicht Woyzeck, ich spiele jetzt Jan
Hus. Und eben haben Sie meinen Namen erwähnt. Da
soll ich erscheinen. Geisterhaft. Jeanne d'Arc, Robespierre und Fouché sind ja auch erschienen. Auch geisterhaft.

BÜCHNER Den Hus spielt Obersteuerinspektor Hasler.

PLON-PLON Den hat doch Judith...

Macht ein Zeichen.

NAPOLEON Was der auch in Judiths Gummizelle zu suchen hatte!

BÜCHNER Obersteuerinspektor Hasler wäre eine Idealbe-
setzung gewesen.

Hus tritt an die Rampe.

HUS Meine liebe Gemeinde – nun, das geht freilich nicht
–, meine lieben Besucher. Ich bin natürlich nicht Jan
Hus, geboren 1369 in Hussinetz, Magister der Freien
Künste, Rektor der Universität und Prediger in der
Bethlehemskapelle zu Prag, sondern ich spiele nur Jan
Hus, aber in Wirklichkeit bin ich in Achterloo Pfarrer
oder ein Pfarrer in Achterloo, wobei ich nicht zu
entscheiden wage, welche der beiden Möglichkeiten auf
mich zutrifft. Wenn ich mich nun an Sie wende, meine
verehrten Besucher, so nicht um das dichtende Unikum
anzugreifen, wie es von dem von mir verehrten Darsteller des Napoleon genannt wird, den ich das Glück
hatte, nach seinen öfters mißglückten Selbstmordversu-
chen seelsorgerisch aufzumuntern, sondern um zu protestieren. Jan Hus zuliebe. Der Dichter, der sich für
Georg Büchner hält, ist nicht nur ein Unikum, er ist ein
jämmerlicher Dilettant. Er ist unfähig, Jan Hus nur
annähernd gerecht zu werden, und ich zweifle, ob der
Obersteuerinspektor Hasler selig daran etwas hätte
ändern können. Gewiß, er war redemächtiger als ich
gewesen. Sein Donnerwetter zerknirschte die Steuer-
sünder. Kein Wunder, daß Judith in ihm Holofernes
gesehen hatte. Aber Hus gegenüber? Da spielt es keine

Rolle, Hasler oder ich. Da sind wir beide Zwerge. Hus
war ein so gewaltiger Prediger, daß sich die Bethlehemskapelle in Prag als zu klein erwies, verkündete er das
Wort Gottes, während bei mir, bevor ich in Achterloo
entweder eingestellt oder vielleicht nur abgestellt
wurde, wenn ich im Eremitenkirchlein Ecke Eugen-
Moser-Straße/Pfitznergasse predigte, höchstens fünfzehn alte Weiblein um die Kanzel hockten, die nur
kamen, weil sie während meiner Predigt stricken durf-
ten. Pullover.

Holt hinter dem Bühnenportal rechts ein Köfferchen her-
vor.

HUS Eine ganze Kollektion. Mir geschenkt. Ein besonders schönes Stück.

Öffnet das Köfferchen, zeigt einen Pullover.

HUS Wobei ich, schliefen die Weiblein ein, statt die auto-
matische Orgel einzustellen, auf meiner Blockflöte
spielte.

Zieht eine Blockflöte hervor, setzt sich auf das Köfferchen.

HUS Bach. Sonate für Flöte solo a moll. Am liebsten spiel
ich die Sarabande.

Flötet.

HUS Leider ist es mir nicht gelungen, zwei alte Straßen-
bahnschaffner zu integrieren. Ihr Schnarchen störte

derart mein Blockflötenspiel, daß die Weiblein auf-
wachten. Sie stellten mich vor die Alternative: sie oder
die beiden. Aber auch bei den Urchristen kam es ja zu
Streitigkeiten.

Flötet, erhebt sich.

HUS Woyzeck ist eine poetische Nebenrolle, und dem
dichtenden Unikum wäre Hus gar nicht eingefallen,
wenn es nicht für die poetische Nebenrolle eine politische Entsprechung hätte schreiben wollen. Das ist ihm
aber gründlich mißglückt. Nun muß ich die beiden
Nebenrollen gleichsam ineinandergeschachtelt spielen.

Ruft.

HUS Woyzeck!

Wartet.

HUS Woyzeck!
NAPOLEON Was ist?
HUS Ich weiß nicht, wie ich mich auseinanderschachtle.
Woyzeck sollte kommen.

Ruft.

HUS Woyzeck!
NAPOLEON Sie können doch nicht doppelt auf der Bühne
stehen.
HUS Aber die Szene ist doch so rührend.
NAPOLEON Plon-Plon!

Plon-Plon kommt.

PLON-PLON Lieber Onkel.
NAPOLEON Woyzeck spielen! Hopp!

Büchner gibt Plon-Plon Text.

PLON-PLON Rasieren, Herr Pfarrer?
HUS Niederknien, Woyzeck.
PLON-PLON Jawohl, Herr Pfarrer.

Kniet nieder.

PLON-PLON Ich bin Johann Christian Woyzeck, geboren
am 3. Januar 1780 in Leipzig und hingerichtet daselbst
am 27. August 1824.
HUS Was hat Er um elf Uhr vormittags auf dem Blutgerüst
gesungen, bevor Ihm der Scharfrichter schnell mit
großer Geschicklichkeit den Kopf abhieb, so daß dieser
noch auf dem breiten Schwerte saß, bis der Scharfrichter das Schwert wandte und der Kopf herabfiel? Wenn
ich sag Er, so mein ich Ihn, Ihn.

Plon-Plon singt, während Hus flötet.

PLON-PLON ›Vergib mir, Vater, meine Sünden
Vergib, was ich nicht recht getan
Nimm mich zu deinen Gnadenkindern
Um meines Mittlers Willen an
In seinem Namen fleh ich dich
Er litt und starb ja auch für mich‹

HUS Während ich am 6. Juni 1415 auf dem Scheiterhaufen
in Konstanz gesungen habe ›Christus, du Sohn des
lebendigen Gottes, erbarme dich meiner‹. Du kannst
wieder rasieren gehn, Woyzeck.

PLON-PLON Jeder Mensch ist ein Abgrund, es schwindelt
einen, wenn man hinabsieht.

*Plon-Plon schickt die Verwahrlosten weg, die Flügeltüren
bleiben offen.*

HUS Gewiß, ich bin nur ein Clochard, ein freischaffender
Pfarrer, der sich freiwillig von jeder Bindung mit dem
Staate gelöst hat, von jener unheilvollen Allianz, die das
Christentum schon so früh korrumpierte –

Schreit auf.

HUS Wer nennt sich hierzulande nicht alles Christ!

Schweigt.

HUS Ich flöte lieber.

Flötet.

HUS Auch Christus war nur ein Clochard.

Flötet, hört abrupt auf.

HUS Trotzdem. Bin ich auch eine Fehlbesetzung, kommt
mir die Hauptrolle zu, um so mehr als Hus die Welt-
krise auslöst, auf die sich die Handlung hier oben

bezieht. Vor Gott, meine verehrten Besucher, sind wir
alle Fehlbesetzungen. Leider gibt es auch in Achterloo
keine Dramaturgen mehr, und welche Chance wäre
Hus für einen wirklichen Büchner, sind doch in ihm
gleich zwei Rollen verpackt, ein historischer und ein
heutiger Jan Hus. Geht es dem historischen darum, eine
allmächtige Kirche zu demokratisieren, ohne die metaphysischen Begründungen ihrer Macht in Frage zu
stellen, trachtet der heutige danach, eine allmächtige
Partei zu demokratisieren, ohne die metaphysischen
Begründungen ihrer Macht anzutasten, der eine wie der
andere versucht die Quadratur des Kreises, beide sind
ebenso lächerlich wie erhaben, lächerlich und erhaben
wie Don Quijote. Und solch eine weltgeschichtliche
Potenz wie ich muß eine Nebenrolle spielen.

Flötend ab durch Seite rechts, gefolgt von Plon-Plon.

NAPOLEON War das Ihr Text?

BÜCHNER Sein Text.

NAPOLEON Das erlauben Sie?

BÜCHNER Sie sprechen ja auch nicht meinen Text.

NAPOLEON Ich spiele die Hauptrolle. Und im übrigen
haben Sie meinen Text noch gar nicht geschrieben.

BÜCHNER Ich bin immer noch bei Ihrem Anfangsmono-
log.

NAPOLEON Als Georg Büchner sind Sie verdammt langsam.

BÜCHNER Ich bin ja nicht Georg Büchner, ich bin der
Erbe einer Spanferkelkette.

NAPOLEON Mein Gott, haben Sie Ihren Wahnsinn verloren?

BÜCHNER Wenn ich dichten will, bin ich Georg Büchner, dichte ich, weiß ich die grauenhafte Wahrheit.

NAPOLEON Das muß für Sie die Hölle sein.

BÜCHNER Dichten ist nichts Lustiges.

NAPOLEON Spielen wir weiter?

BÜCHNER Spielen wir weiter.

NAPOLEON Drüben ist jetzt tiefste Nacht?

FRANKLIN Halb zwei.

NAPOLEON Ihre Morgenblätter und das Fernsehen werden meinen Tod und das Angebot Ihres Präsidenten bekanntgeben.

FRANKLIN Der Präsident wird das militärische Hilfsangebot auch Ihnen unterbreiten.

NAPOLEON Und ausgerechnet heute wollte ich in Ruhe frühstücken.

FRANKLIN Ich begreife nicht, weshalb Sie sich ärgern. Sie haben mit dem Hilfsangebot des Präsidenten einen kolossalen Trumpf zugespielt bekommen.

NAPOLEON Einem anderen hat Ihr Präsident einen kolossalen Trumpf zugespielt. Wird das Angebot bekannt, werden wir morgen besetzt. Zwischen uns und unserem Nachbarn liegt kein Teich.

FRANKLIN Verdammt, Napoleon.

NAPOLEON Begreiflich, warum Jeanne Sie im Glauben ließ, ich sei von Fouché beseitigt worden. Die Heilige will einen Krieg.

FRANKLIN Ich setze mich mit meinem Außenminister in Verbindung. Die Absichten unseres Präsidenten sind falsch interpretiert worden.

Müller 1 und Müller 11 im Papstornat treten durch Türen 5 und 7 auf.

MÜLLER I Ich bin Angelo Correr, Papst Gregor XII.

MÜLLER II Ich bin Peter de Luna, Papst Benedikt XIII.

MÜLLER I Wir sind zwei der drei Päpste,

MÜLLER II die zur Zeit, als Hus seine ketzerischen Lehren verbreitete,

BEIDE gleichzeitig

MÜLLER I über die Christenheit regierten.

NAPOLEON Gestrichen.

MÜLLER I Gestrichen?

MÜLLER II Gestrichen?

NAPOLEON Gestrichen.

BÜCHNER Gestrichen?

Hat sich wieder an den Tisch gesetzt, streicht Manuskriptblätter durch. Während Müller I und II von Plon-Plon und Louis durch Türen 5 und 7 hinausgedrängt werden, kommt Cambronne, gekleidet wie ein mittelalterlicher Seeräuber, Holzbein, einäugig, schwarze Augenbinde, aber auch mit Tiara und Papststab, durch Türe 9. Er wird von Louis und Plon-Plon demontiert und hinausgezogen, während Müller II durch 8 und Müller I zuerst durch Türe 4, dann 3 und 2 die Szene beobachten.

CAMBRONNE Ich bin der dritte Papst. Baldassare Cossa, Johannes XXIII. 1411 habe ich Hus exkommuniziert, am 5. November 1414 eröffnete ich das Konzil in Konstanz, und am 29. Mai 1415 wurde ich als Papst abgesetzt und in Gottlieben eingekerkert, in einem Schloß mit einem Dörfchen, das Sie am besten mit dem öffentlichen Verkehrsschiff, Abfahrt Konstanz 9 Uhr 15, Ankunft 9 Uhr 35, erreichen. In meiner Jugend war ich Soldat und Seeräuber, eine derbe Kraftnatur, listig und kühn und zu jedem Verbrechen fähig, Eigenschaften, die mich befähigt haben, meinen Vorgänger, Papst Alexander v., zu vergiften. Von Papst Martin v. begnadigt, bin ich in Florenz als Kardinalbischof von Tuskulum 1419 gestorben.

NAPOLEON Gestrichen.

Cambronne kommt wieder zurück.

CAMBRONNE Gestrichen?

Louis und Plon-Plon gehen auf Cambronne zu.

CAMBRONNE Als Cambronne hab ich keinen nennenswerten Text und als Johannes XXIII. eine Bombenrolle.
NAPOLEON Die ist deiner Textunsicherheit nicht zuzumuten. Statt deiner wird die Zimsen als Kardinal Richelieu die Kirche vertreten.

Louis und Plon-Plon bugsieren Cambronne endgültig hinaus. Büchner drängt Müller 1 durch 2 und Müller II durch 8 hinaus. Nun sind nur noch Türen 1, 6 und 11 offen.

BÜCHNER Protestiere! Den Text für Johannes XXIII. habe ich schon geschrieben. Diese Kraftnatur liegt mir. Wie Danton, wie Aretin. Die Zimsen als Richelieu? Liegt mir nicht!

Plon-Plon schließt die übrigen offenen Flügeltüren.

PLON-PLON Verehrte Besucher. Sie haben gestutzt und waren beunruhigt, als der Chefarzt dieser Anstalt,

Professor Hans Löffel, mich als Sigmund Freud vorgestellt hat.

NAPOLEON Jetzt beginnt auch der Damenschneider zu
reden. Den kann niemand abstellen. Ich geh ins Bett.

Napoleon zieht die Schuhe aus, legt sich ins Bett.

Plon-Plon tritt an die Rampe.

PLON-PLON Gestutzt, weil Sigmund Freud, geboren am
6. Mai 1856 in Friedberg, Mähren, schon am 23. September 1939 gestorben ist. Beunruhigt, weil niemand
sich gern von zwei Ärzten betreut sieht, von denen der
eine – nämlich ich – offenbar geisteskrank ist, ein
Irrtum, worin Sie durch die Behauptung meines Kollegen Löffel, ich sei in Wirklichkeit ein Damenschneider,
womöglich noch bestärkt wurden. Nun, meine Damen
und Herren, Löffel hat recht: Ich bin nicht Sigmund
Freud, geboren am 6. Mai 1856 in Friedberg, Mähren,
gestorben am 23. September 1939 in London. Ich bin
sein Doppelgänger. *Ich* hab die Psychoanalyse erfun-
den, und alles, was Sigmund Freud veröffentlicht hat
und wofür er 1902 Professor in Wien wurde, 1930 den
Goethepreis bekam und 1936 Foreign Member der
Royal Society wurde, hat er mir, Sigmund Freud,
geboren am 6. Mai 1856 in Friedberg, Mähren, gestorben am 23. September 1939 in London, abgeschrieben.
Aber ich will Sie mit dieser aller Welt bekannten
Geschichte nicht belästigen. Es geht mir nur darum,
meine Bedenken gegen die Rollentherapie anzumelden,
die hier auf der Bühne nicht zuletzt aufgrund der
Vorschläge meines Kollegen Löffel durchgeführt wird.

Es gibt zwei Wege, meinen Weg und Löffels Weg, meiner führt in die Helle der Selbsterkenntnis, seiner in die Dunkelheit der Selbstumnachtung. Die Wissenschaft hat nach dem Grund jeder psychotischen Verwirrung zu fragen. Warum unterläuft einem Professor Hans Löffel die nach mir benannte Fehlleistung, mich für einen Damenschneider zu halten?

Er öffnet seinen Ärztemantel.

PLON-PLON Daß ich mich wie ein Damenschneider kleide – bitte sehr – reine Seide mit Nadelstreifen – ist nicht der Grund, nein, der gute Löffel verwechselt mein Unterbewußtsein mit meinem Bewußtsein, denn unterbewußt bin ich ein Damenschneider, weltbekannt unter dem Namen Coco – nicht Coco Chanel, die ist meine Doppelgängerin – sondern Coco, der Coco – ruhig, meine Dame, der Katalog meiner neuesten Kollektion wird Ihnen demnächst vom Maison Achterloo zugesandt –, und wie, ich frage Sie, meine Herren, hätte ich den Penisneid und den Ödipuskomplex entdecken können, wäre ich im Unterbewußten nicht ein Damenschneider. Der Penisneid? Mein Gott, als Damenhosenschneider bin ich einsame Spitze, und was den Ödipuskomplex betrifft, so kleide ich Damen nur ein, damit sie meinen Vater verführen, auf daß ich ihn endlich hassen kann, und wie gern mordete ich jene, die ich kleide, weil sie Mutter mit Vater betrögen, wenn sie ihn verführten, aber der Schuft läßt sich nicht verführen. Dabei ist er schon 98, und Mutter ist bei meiner Geburt gestorben. Arme Mama. Ich könnte verrückt werden. Mein Unterbewußtsein ist ein Fall für Sigmund Freud, das heißt nicht für ihn, sondern für den echten, für dessen Doppelgänger, und zum Glück bin ich der selber. Wenn ich der nicht wäre, nicht Sigmund Freud, sondern der Damenschneider, den Löffel in mir vermutet, meine verehrten Besucher, würde ich fluchtartig, Hals über Kopf diesen Saal verlassen, wäre ich Sie. Ein Triebtäter stünde vor Ihnen, bereit, an die erste beste Gurgel zu springen. Bei diesem Tatbestand, bei dieser haarsträubenden Verwechslung meines Oberbewußtseins mit meinem Unterbewußtsein muß ich Sie fragen: Hat Professor Hans Löffel überhaupt ein Unterbewußtsein, oder anders gefragt, ist er nicht auch unterbewußt Hans Löffel und damit von einer Stinknormalität, welche das kreative Irresein, das die Grundlage jeder psychiatrischen Fähigkeit ist, platterdings ausschließt?

Schreit.

PLON-PLON Professor Hans Löffel gehört auf meine Couch. Nur durch eine radikale Analyse ist er zu heilen. Nun, verehrte Besucher,

Louis tritt durch Türe 8 auf.

PLON-PLON Sie brauchen nicht mehr zu stutzen, die Notausgange können verschlossen bleiben, sie sind ohnehin von außen verriegelt. Bei Brand gibt es dann keine Panik.

Ab durch Türe 1.

Die Zimsen tritt auf als Richelieu, mit Krönungsmantel und Lorbeerkranz, durch Türe 5.

RICHELIEU Führt mich zu General Bonaparte.

Stille.

RICHELIEU Hörst du nicht, Löffel?
LOUIS Eminenz?
RICHELIEU Führt mich zu General Bonaparte.
LOUIS Ich spiele jetzt Charles Louis Napoléon, den Neffen Napoleons, den späteren Kaiser Napoleon III.
RICHELIEU Nebensächlich.

Richelieu übergibt Louis Krönungsmantel und goldenen Lorbeerkranz, wird von Louis nach vorne geführt.

RICHELIEU Wer ist das?
LOUIS Georg Büchner, der das Stück schreibt, worin Sie den Kardinal Richelieu spielen, Eminenz.
RICHELIEU Ich spiele nicht den Kardinal Richelieu, ich bin der Kardinal Richelieu.
BÜCHNER Ich souffliere Ihnen Ihren Text, den ich geschrieben habe.
RICHELIEU Georg Büchner, du bist ein Plebejer und ein Atheist. Das ist ein Widerspruch. Die meisten Plebejer glauben an Gott.
BÜCHNER Glauben Sie denn nicht an Gott, Eminenz?
RICHELIEU Ich brauche nicht an Gott zu glauben, ich bin Gott. Ich benötige deinen lächerlichen Text nicht.

Bleibt vor Napoleon stehen.

RICHELIEU Schläft er noch?
LOUIS Mein Onkel hat die ganze Nacht regiert, Eminenz.
RICHELIEU Ich hab die ganze Nacht zu mir gebetet.

Napoleon wacht auf.

NAPOLEON Die Zimsen!
RICHELIEU Napoleon spielen! Aus dem Bett, hopp,
    hopp!

*Napoleon klettert aus dem Bett, zieht sich den linken
Schuh an.*

RICHELIEU Wie sehen Sie denn aus? Ich bin im Ornat.
    Ziehen Sie den Krönungsmantel an. Auch Familienbe-
    sitz. Thassilo von Zimsen trug ihn. Lorbeerkranz.

*Louis hilft Napoleon in den Krönungsmantel, gibt ihm den
Lorbeerkranz.*

NAPOLEON Sitzt er?

Richelieu prüft, richtet den Lorbeerkranz.

RICHELIEU Jetzt. Löffel, verschwinden.

Louis ab.

RICHELIEU Können wir anfangen?
NAPOLEON Wir können.

Blättert im Magazin.

RICHELIEU General Bonaparte.

Napoleon hinkt im Krönungsmantel, den rechten Schuh in der Hand, an die Rampe.

NAPOLEON Armand Jean du Plessis, Herzog von Richelieu, geboren am 9. September 1585, wurde 1622 zum
Kardinal ernannt und starb am 4. Dezember 1642.
RICHELIEU Lassen Sie den Unsinn, Bonaparte. Ich bin
unsterblich. Da spielen Daten keine Rolle.
NAPOLEON Bleich.
RICHELIEU Wieder einmal Fieber. Sie sehen ja ganz gut
aus.
NAPOLEON Nur nervlich etwas angegriffen. Ich bin seit
zwei Monaten Chef der Partei und des Staates, und Sie
besuchen mich zum ersten Mal.

Cambronne kniet plötzlich hinter Richelieu.

CAMBRONNE Amen! Amen!

Louis führt ihn durch Türe 8 hinaus.

RICHELIEU Das war doch Cambronne.
NAPOLEON Das war auch Cambronne.
RICHELIEU Der sagt doch ›merde‹.
NAPOLEON Er ist textunsicher.
RICHELIEU Sie sind noch immer nicht ins Staatspalais
übergesiedelt.
NAPOLEON Ich bin an diese Bude gewöhnt.
RICHELIEU Kärglich.
NAPOLEON Früher ein Arrestloch für Offiziere.

RICHELIEU Das Volk hungert.

NAPOLEON Wir stehen vor dem puren Chaos. Die Zeitung der Gewerkschaft ist wieder mit einem Aktbild Jeanne d'Arcs erschienen.

Gibt Richelieu das Magazin, setzt sich aufs Bett.

RICHELIEU Ein Wunderwerk der Natur.

NAPOLEON Heiliggesprochen.

RICHELIEU Die schwachsinnigste Fehlleistung der unfehlbaren Kirche. Hätten wir sie am 30. Mai 1431 ins Bordell gesteckt, statt sie zu verbrennen, wäre uns das nicht passiert. Der Angstschweiß bricht mir aus. Mit Hilfe ihrer Aktbilder verbreitet Hus seine politischen Ziele. Die Freie Gewerkschaft ist die populärste Arbeiterbewegung der Welt geworden.

Umrundet dabei den Saal von links nach rechts.

NAPOLEON Jeanne dient dem Vaterland.

RICHELIEU Sie dient nicht dem Vaterland, sie dient Hus. Er ist ein Reformator. Wollte er im 15. Jahrhundert die Kirche reformieren, will er heute die Partei reformieren. Ich kenn den Ketzer. Schon in Konstanz versuchte ich, dieses faule Holz abzuhauen und zu verbrennen, damit die Fäulnis nicht den ganzen Stamm anstecke. Das Feuer loderte vergebens. Die Kirche hat Pech mit ihren Scheiterhaufen. Exkommuniziere ich Jeanne und fordere ich Hus auf, sich zu mäßigen, bin ich politisch erledigt. Er fordert in seinen Leitartikeln freie Wahlen.

Hat dabei den Saal von rechts nach links umrundet.

NAPOLEON Ich les nie seine Leitartikel. Zu schlecht geschrieben.

Richelieu bleibt an der Rampe stehen.

RICHELIEU Sprengstoff benötigt keinen Stil. Ich kenn Sie,
Bonaparte, aber ich durchschau Sie nicht. Sie spielen
den Sorglosen, und dabei haben Sie Robespierre auf
dem Hals. Der Advokat von Arras wird heute nachmit-
tag eintreffen.
NAPOLEON Seine Ankunft ist ein Staatsgeheimnis.
RICHELIEU Und?
NAPOLEON Sie wissen es, Richelieu.
RICHELIEU Wußten Sie's?
NAPOLEON Ich bin der Partei- und Staatschef.
RICHELIEU Wie lange noch?
NAPOLEON Wer spielte Ihnen die Nachricht zu?
RICHELIEU Nebensächlich. Ich zweifle, Bonaparte, ob Sie
heute noch einmal davonkommen. Die immer extreme-
ren Forderungen der Freien Gewerkschaft, die Ankunft
Robespierres ...
NAPOLEON Zur Sache, Richelieu.
RICHELIEU Ich hab nicht resigniert wie Sie, Bonaparte.
NAPOLEON Ihr Metier ist dasselbe geblieben.
RICHELIEU Ich hab mein Ziel nicht aufgegeben. Aber es
hat weltweite Dimensionen angenommen.
NAPOLEON Ein solches Ziel hatte ich auch einmal.

Richelieu setzt sich in den Rasierstuhl.

RICHELIEU Unvollkommen. Sie wollten Europa mit dem
bürgerlichen Pack Ihrer Spaghetti-Dynastie einigen,

geschminkt mit ›Freiheit, Gleichheit und Brüderlich-
keit‹. Läppisch. Sie schürten gleichzeitig zwei Feuer:
die Demokratie und die Despotie. Das Resultat? Die
Reaktion auf beide: die Freiheitskriege mit ihren Hoff-
nungen und die Restauration mit ihren Enttäuschun-
gen, der Nationalismus endlich, der Europa endgültig
zerfetzte.

NAPOLEON Ich soll womöglich noch die beiden Welt-
kriege bewirkt haben!

RICHELIEU Warum nicht?

NAPOLEON Das werfen Sie mir vor?

RICHELIEU Seelenruhig.

NAPOLEON Historisch sind Sie als Staatsmann nach Strich
und Faden gescheitert.

RICHELIEU Nur stilvoller als Sie. Ich prägte ein Zeitalter,
Sie sind eine Episode. Ich schuf den absoluten Staat mit
einem alleinherrschenden König und mit einer Kirche,
um einen Kulturstaat zu formen, und Sie krönten sich
zum Kaiser, um mich zu übertrumpfen. Ich herrschte
nicht, ich ließ den König herrschen. Sie wollten Herrscher und Richelieu zugleich sein. Sie waren nichts als
eine maßlos übertriebene Kopie meiner selbst. Zugege-
ben, jetzt sind wir beide marode. Die Menschen brauchen einen eisernen Käfig, sonst werden sie gemeinge-
fährlich. Nichts schadet der Menschheit mehr als
Menschlichkeit. Die Käfige, die wir bauten, waren zu
schwach. Wir sind beide schuldig, aber Jeanne und Hus
sind schuldiger als wir. Als Gott die Welt schuf, schuf er
auch die Schlange. Auf die Schlange folgte Kain. Die
Reihe brach nie ab. Hus forderte den Kelch für alle,
jeder Bauernlümmel sollte das Blut Christi trinken
dürfen. Jeanne behauptete, Befehle von Gott ohne

Vermittlung der Kirche zu erhalten. Und zu Nationalhelden wurden sie beide: die schlimmste der Ketze-
reien.

NAPOLEON Das sagen Sie?

RICHELIEU Sie nicht?

NAPOLEON Doch. Einmal. Nationalhelden sind Rebellen.
Ich ließ sie tausendfach erschießen.

Setzt sich zu Richelieu vor den Rasierstuhl.

RICHELIEU Wer meine Ideen zu Ende denkt, kommt zum
absoluten Staat.

NAPOLEON Ich war auf Sankt Helena.

RICHELIEU Na und? Ich kann mir Ihre Nostalgie nicht
leisten. Heute sind wir in der Lage, den ausbruchsicheren Käfig zu konstruieren. Die Kirche ist etwas Absolutes, und die Partei ist etwas Absolutes. Beide denken
global. Die Kirche und die Partei müssen miteinander
verschmelzen, der Vatikan und der Kreml sich verei-
nen, das Hirtenamt des Papstes und jenes des Ersten
Sekretärs der Kommunistischen Partei sich in einer
Person verkörpern. Die Partei hat ihren Atheismus
aufzugeben und sich einer Kirche unterzuordnen, die
marxistisch geworden ist. Zum absoluten Weltstaat ist
weder die heutige Kirche noch die heutige Partei,
sondern nur eine katholisch-marxistische alleinselig-
machende Kirche fähig. Mein Ziel.

Erhebt sich.

RICHELIEU Ich erleb es nicht mehr, aber ich bereite es vor.
Der Mensch braucht Gerechtigkeit im Diesseits und

Gnade im Jenseits. Die Gerechtigkeit im Diesseits ist nur ohne Freiheit möglich und die Gnade im Jenseits nur durch die Freiheit Gottes. Heute abend treff ich Robespierre.

NAPOLEON Falls er für Sie zu sprechen ist.

RICHELIEU Das Treffen wurde vor einer Woche zwischen meinem Sekretär Zabarella und Molotow arrangiert.

NAPOLEON Wo haben die beiden sich denn kennengelernt?

RICHELIEU Bei Jeanne. Das Wunderwerk der Natur ist auch der Kirche nützlich. Mit Fouché habe ich mich geeinigt. Der akzeptiert die Neutralität der Kirche. Ich muß auch Robespierre dazu bringen. Ein schwierigeres Unterfangen. Ich werde ihn an seine Vergangenheit erinnern: Er gab die Existenz eines höchsten Wesens zu. Bonaparte, es gibt für Sie kein Sankt Helena mehr. Mit Hus haben Sie sich entzweit, und Fouché hat Sie entmachtet. Woyzeck ist auf dem Weg zu Ihnen. Darf ich die letzte Beichte –

Richelieu setzt sich aufs Bett, Napoleon küßt seinen Ring, tut als ob er beichten möchte.

Von rechts Hus in einem neuen Pullover, als käme er vom Scheiterhaufen, auf dem Kopf den Ketzerhut.

HUS Napoleon, ich –

Stutzt.

HUS Richelieu. Verdammt. Heilige Jungfer Marie!

Napoleon stutzt.

NAPOLEON Hus, was tragen Sie denn für einen komischen
Hut?
HUS Den Ketzerhut. Ich trug ihn auf dem Scheiterhaufen.
RICHELIEU Du störst eine heilige Handlung, Jan Hus.
HUS Das Volk hungert.
NAPOLEON Das hat schon Richelieu festgestellt.
RICHELIEU Wir stehen vor dem puren Chaos.

Büchner greift ein.

BÜCHNER Sie sind doch Hus!
HUS Na und?
BÜCHNER Sie treten erst später auf. Ich feile noch am Text
Richelieus.
HUS Der ist doch schon längst aufgetreten.
BÜCHNER Schreibe immer um! Auch Ihren Text! Er gefiel
Ihnen ja nicht.
HUS Zu spät. Schon auswendig gelernt.
RICHELIEU Bei deiner Verbrennung in Konstanz fehlte ich
leider.
HUS Dafür warf Ihr Sekretär als erster seine Fackel an
meinen Scheiterhaufen.
RICHELIEU Sind wir uns nachher nicht irgendwo begeg-
net?
HUS Erinnern Sie sich nicht?
RICHELIEU Nein.
HUS Dann nicht. Plötzlich hab ich Hunger.
NAPOLEON Plon-Plon!

Plon-Plon kommt durch Tür 1.

NAPOLEON Hus verhungert.

Plon-Plon klatscht in die Hände.

Die Flügeltüren öffnen sich. Die Verwahrlosten mit leeren Tabletts.

NAPOLEON Bitte Hus, bedienen Sie sich.

Hus geht von einem Tablett zum andern.

HUS Nichts mehr vorhanden.
NAPOLEON Die Strolche haben alles aufgefressen.
HUS Nichts klappt bei mir. Priester bin ich meinerzeit nur geworden, um ein gemächlicheres Leben zu führen, und endete auf dem Scheiterhaufen.

Plon-Plon klatscht wieder in die Hände.

PLON-PLON Abservieren.

Die Verwahrlosten verschwinden wieder.

Plon-Plon ab durch Türe 1.

HUS Aber auch Ihnen, Napoleon, geht's nicht besser. Zuerst Sankt Helena, und jetzt ist der Parteiideologe Robespierre gelandet.
NAPOLEON Wissen wir auch.
HUS Fouché wird Regierungschef.
RICHELIEU Wissen wir auch.

HUS Jeder weiß schon alles!

NAPOLEON Das Natürlichste in einem Land, wo alles geheim ist.

HUS Tauchen Sie unter, Napoleon. Eine Adresse.

Wirft Napoleon einen Zettel zu.

HUS Dort sind Sie sicher.

NAPOLEON Hier bin ich sicher.

Steckt den Zettel ein.

HUS Sie hocken in der Falle, Napoleon. Sie lassen sich in Ihrer Kaserne so nachlässig bewachen, daß es zugeht wie in einer Bahnhofshalle.

NAPOLEON Das ist mir auch schon aufgefallen.

RICHELIEU Woyzeck kommt heut zu Ihnen.

NAPOLEON Er rasiert mich jeden Morgen.

RICHELIEU Heut rasiert er Sie zum letzten Mal. Sehn Sie, das wissen Sie nicht.

NAPOLEON Woyzeck ist bei mir gewesen.

RICHELIEU Schon?

Napoleon nickt.

RICHELIEU Ihr Nicken ist keine Antwort.

NAPOLEON In meinem Fall schon.

RICHELIEU Aber Fouché –

NAPOLEON Kann nicht mehr nicken.

RICHELIEU Hat Woyzeck ihn –?

Chopins Trauermarsch vom Harmonium gespielt.

NAPOLEON Sie bringen ihn in den Hof.
RICHELIEU Löffel!

Louis kommt.

LOUIS Eminenz?
RICHELIEU Ich kehre in das erzbischöfliche Palais zurück.
NAPOLEON Enttäuscht?
RICHELIEU Woyzeck hätte seine Pflicht tun sollen.

Büchner eilt zu ihm mit Manuskriptseiten.

BÜCHNER Ihr Text, Eminenz, für die Archive.
RICHELIEU Ich danke dir, mein Sohn.

Wirft den Text weg. Hus ruft ihm nach.

HUS Adieu!

Richelieu mit Louis ab.

HUS Für den bin ich Dreck.
NAPOLEON Nicht nur für ihn. Du verbreitest in deiner
   Gewerkschaftszeitung Aktbilder einer Heiligen. Dabei
   gibst du vor, ein treuer Sohn der Kirche zu sein.
HUS Als treuer Sohn der Kirche hab ich den Lebenswan-
   del einer Person nicht zu kritisieren, die vom Papst
   Benedikt xv. heiliggesprochen ist.

Büchner tippt Hus schüchtern auf die Schulter.

BÜCHNER Ich möchte endlich meinen Text hören.

HUS Er fällt mir ohnehin nicht mehr ein.

BÜCHNER Wenn ich ihn an Ihrer Stelle –

HUS Aber gern. Bitte, Sie haben ihn schließlich gedichtet. Ich muß den Text für Woyzeck nach der Pause lernen.

Setzt Büchner den Ketzerhut auf, ab durch rechts vorne.

BÜCHNER Jetzt spiel ich den Hus.

NAPOLEON Kapiert.

Immer noch Trauermusik.

NAPOLEON Was hat die Freie Gewerkschaft beschlossen?

BÜCHNER Die Sitzung hat die ganze Nacht gedauert.

NAPOLEON Und?

BÜCHNER Die Regierung hat die Legalität der Freien Gewerkschaft vertraglich bestätigt, aber die Verhaftungen nehmen zu.

NAPOLEON Die Regierung verhaftet nur, wer sich politisch gegen sie wendet.

BÜCHNER Wir verlangen eine Wirtschaft, die funktioniert, genügend Lebensmittel für die Bevölkerung, gerechtere Löhne –

NAPOLEON Freie Wahlen.

BÜCHNER Die sind von der Verfassung garantiert.

NAPOLEON Ihr stellt politische Forderungen.

BÜCHNER Wir stellen selbstverständliche Forderungen.

NAPOLEON Auch selbstverständliche Forderungen sind bei uns politisch.

BÜCHNER Was hat bei uns nicht eine politische Bedeutung? Furzen: daß die Partei stinkt; Gähnen: daß der

Marxismus langweilig ist; Bumsen mit Pariser: daß man nicht mehr an den Sieg des Proletariats glaubt; Bumsen ohne Pariser: daß man einen Revisionisten zeugen will. Wir können nicht schweigen, wenn Studenten und Dissidenten in den Gefängnissen verschwinden.

NAPOLEON Wer bei mir nicht schweigt, raucht auf dem Gelände einer Pulverfabrik. Du hast dermaßen geschlotet, daß jetzt Robespierre aufgetaucht ist.

Der Trauermarsch verklingt.

BÜCHNER Der Trauermarsch ist zu Ende.

NAPOLEON Er verwehte zu Ehren des politischen Schurken, mit dem du paktiert hast.

BÜCHNER Ich mußte mit deinem Sturz rechnen.

NAPOLEON Du hast dich verrechnet.

BÜCHNER Meine Freunde werden den Generalstreik ausrufen.

NAPOLEON Wozu?

BÜCHNER Gegen dich zu protestieren.

NAPOLEON Dann marschieren sie ein.

BÜCHNER Sie wagen's nicht.

NAPOLEON Du stehst Dogmatikern gegenüber.

BÜCHNER Die können mir mit ihren Dogmen den Arsch wischen.

NAPOLEON Du bist immer noch so leichtsinnig wie damals in Konstanz, Jan Hus.

BÜCHNER Es geht um die Freiheit.

NAPOLEON Du vergißt, daß du die von einem Gefängnisdirektor forderst.

BÜCHNER Ändere die Gefängnisordnung.

NAPOLEON Du bist modest, Hus. Du verlangst Freiheit

im Gefängnis. Ich kann sie dir gewähren: Vermeide, was vermieden werden kann. Keine Provokationen und Deklarationen mehr. Keinen Generalstreik, und Schluß mit deinen Artikeln.

BÜCHNER Die Freie Gewerkschaft läßt sich nicht mehr zügeln.

NAPOLEON Du hast sie zu zügeln.

BÜCHNER Wie? Durch mich wurde sie das, was ich einmal gewesen bin: Hus. Nun gibt es viele Husse, hunderttausende von Hussen. Aber keinen Hus mehr. Ich hab meine Macht über die Freie Gewerkschaft verloren. Morgen wird der Generalstreik ausgerufen.

Marseillaise.

NAPOLEON Die Marseillaise. Ich geh ins Bett.

Durch Flügeltüre 5 stürzt Plon-Plon, durch Türe 8 Louis.

PLON-PLON Robespierre, der Chefideologe.

NAPOLEON Verflixt.

BÜCHNER Wieder zu früh. Habe noch Text!

NAPOLEON Ich mag mit dem Kerl nicht diskutieren.

Durch Türe 1 schiebt Jeanne eine mit einer Trikolore bedeckte Gestalt auf einer Schubkarre herein.

Die übrigen erstarren vor Schreck.

NAPOLEON Wer hat die Verrückte freigelassen?

PLON-PLON Ich. Ich unterzog sie einer Psychoanalyse. Sie lag auf meiner Couch.

NAPOLEON Bildet sie sich immer noch ein, Judith zu sein?
PLON-PLON Sie bildet sich jetzt ein, sie sei die Heilige
  Johanna. Ideal für unser Rollenspiel, falls man es *mich*
  vorbereiten läßt.
BÜCHNER Robespierre wird gleich noch eine Rede gegen
  Jan Hus halten. Ich hab sie der Rede nachgebildet, mit
  der er seinerzeit die Todesstrafe für Ludwig XVI. gefor-
  dert hat.

Stille.

BÜCHNER Vielleicht hat er den Text vergessen. Ich souffliere mal: Die sogenannte Revolution...

Stille.

BÜCHNER Die sogenannte Revolution ist noch nicht fertig; wer eine Revolution zur Hälfte vollendet, gräbt sich
  selbst ein Grab.

Stille.

Napoleon geht zum Karren.

NAPOLEON Maximilien.

Die Marseillaise verklingt.

JEANNE Eben lag er noch in meinem Bett.
NAPOLEON Nun liegt er in einem Schinderkarren.
JEANNE Ich hab ihn auf dem Weg zum Platz des Volkes
  gerettet.

NAPOLEON Sollte er hingerichtet werden?
JEANNE Volkszorn.

Napoleon beugt sich über Robespierre.

NAPOLEON Rührt sich nicht.
JEANNE Er war bei mir schon einmal so.
NAPOLEON Da hat er kaum auf eine Hinrichtung gewartet.
JEANNE Da hat er eine Rede gehalten.
NAPOLEON In deinem Bett?
JEANNE Vorher.
NAPOLEON Reden halten mußte er immer.

Sie starren auf Robespierre.

NAPOLEON Worüber hat er denn geredet? In deinem Bett? Vorher?
JEANNE Über die Tugend.
NAPOLEON Sein Lieblingsthema.
JEANNE Es war einmal auch mein Lieblingsthema.

Napoleon beugt sich über Robespierre.

NAPOLEON Maximilien! Genosse Robespierre! Mundbeatmung mach ich nicht.

Sie starren auf Robespierre.

NAPOLEON Du?
JEANNE Nein. Gott sei Dank ist die gräßliche Marseillaise nicht mehr zu hören.

NAPOLEON Die wird bald wieder einsetzen.
JEANNE Sollte man nicht doch einen Arzt –?
NAPOLEON Nein.

Sie starren auf Robespierre.

JEANNE Er sieht aus wie ein Mädchen.

Schweigen.

JEANNE Ganz sanft.

Schweigen.

JEANNE Ich kam mir mit ihm im Bett wie eine Kinder-
schänderin vor.

Schweigen.

NAPOLEON Man hat vor ihm gezittert.
JEANNE Sie auch?
NAPOLEON Einmal.

Schweigen.

JEANNE Er sagte, ich sei seine erste Frau gewesen.
NAPOLEON Um Jan Hus zu widerlegen, hat er dessen
Zeitung gelesen und dich zu oft nackt gesehen. Er war
seiner Tugend nicht gewachsen.
JEANNE Übermorgen marschieren sie ein.
NAPOLEON Franklin konnte das Hilfsangebot nicht mehr
rückgängig machen.

JEANNE Der Einmarsch ist schon vorher beschlossen worden.

NAPOLEON Das hast du von Robespierre?

JEANNE Er hat's mir gesagt.

NAPOLEON Wann?

Schweigen.

NAPOLEON Ich muß alles wissen.

JEANNE War es wirklich zum ersten Mal in seinem Leben?

NAPOLEON Wirklich.

JEANNE Darauf wurde er ohnmächtig.

NAPOLEON Begreiflich.

JEANNE Ich dachte, er sei tot.

NAPOLEON Weiter.

JEANNE Eine Angelegenheit der Heiligen.

NAPOLEON Was sich in deinem Bett abspielt, ist eine Angelegenheit des Staates.

Schweigen.

NAPOLEON In meiner Lage muß ich alles wissen.

Schweigen.

NAPOLEON Seinerzeit ließen sich Invalide aus dem Vietnamkrieg täglich in Körben vor das Hauptportal des State Departement tragen. Sie hatten weder Arme noch Beine und keine Augen. Man ließ sie jeden Tag fortbringen, und ich sah die Invaliden nie.

Geht herum.

NAPOLEON Als ich davon hörte, befahl ich, die Invaliden zu verköstigen. So blieben sie Tag und Nacht vor dem Hauptportal. Aber ich ging nie an ihnen vorüber. Ich benutzte einen Seiteneingang, und ließen sie sich dort hinbringen, ging ich durch das Hauptportal. Ich wollte sie ebensowenig sehen, wie du von Robespierre reden willst.

JEANNE Darf ich rauchen?

NAPOLEON Louis, Zigarette.

Louis kommt mit einem Zigarettenetui. Da sie Mühe mit den langen Ärmeln der Zwangsjacke hat, steckt er ihr eine Zigarette in den Mund, gibt ihr Feuer.

Jeanne raucht.

NAPOLEON Nun?

Louis nimmt ihr die Zigarette aus dem Mund.

JEANNE Dann kam Robespierre wieder zu sich.

NAPOLEON Weiter.

JEANNE Er hat gesagt, sie hätten beschlossen, übermorgen einzugreifen. Mit der Dritten und Vierten Armee. Und mit der Ersten von Westen und der Zweiten von Süden.

NAPOLEON Die Hälfte der Ersten und Zweiten ist schon bei uns stationiert.

Louis reicht ihr die Zigarette, wenn sie raucht.

Sie raucht.

NAPOLEON Weiter.
JEANNE Das ist alles.
NAPOLEON Quatsch.
JEANNE Nicht alles.

Raucht.

NAPOLEON Nun?
JEANNE Dann hab ich zu meiner Heiligen gebetet.
NAPOLEON Weiter.
JEANNE Als er mir's erzählt hatte, hab ich zu meiner Heiligen gebetet.
NAPOLEON Nicht so umständlich.
JEANNE Dann wußte ich, was ich tun mußte.

Raucht.

NAPOLEON Weiter.
JEANNE Ich hab ihn verführt, mich wieder zu lieben. Mehrmals.
NAPOLEON Robespierre? Mehrmals?
JEANNE Ich hab gewußt, daß er schon drei Herzinfarkte hatte.
NAPOLEON Das hab ich nicht gewußt.
JEANNE Aber ich.
NAPOLEON Woher willst du das denn gewußt haben?
JEANNE Von Molotow.
NAPOLEON Hauptsache, die Heiligen haben es auch gewußt.
JEANNE Ich habe Robespierre getötet.
NAPOLEON Wer weiß davon?
JEANNE Nur Tony.

NAPOLEON Der Fotograf?
JEANNE Er hat Robespierre und mich dabei gefilmt.
NAPOLEON Unsinn.

Deckt unter der Trikolore eine zerschnittene Puppe auf,
wirft sie auf den Boden.

NAPOLEON Das hast du gemacht. Zum Glück ist es eine
  Puppe, die du zerfetzt hast.

Jeanne erstarrt, wirft sich aufschreiend auf die Puppe,
zerreißt sie.

Napoleon lacht.

NAPOLEON Und ich erzähl dir von meinen Invaliden.
  Louis! Trag das da in den Hof.

Weist auf die Puppe.

NAPOLEON Und aufbahren. Neben Fouché. Ich werd
  mich hüten, je mit dir ins Bett zu gehen.

Louis schleppt die Puppe hinaus.

NAPOLEON Plon-Plon! Ein Telegramm an Karl Marx: Sein
  Chefideologe Genosse Maximilian Marie Isidore de
  Robespierre sei in unserem Lande an seiner letzten Rede
  gestorben, überzeugt, unsere Partei sei imstande, die
  ökonomischen Schwierigkeiten sowie die revisionisti-
  schen und imperialistischen Machenschaften aus eigener Kraft zu überwinden. Genosse Bonaparte.

Plon-Plon ab.

NAPOLEON Fouché ist tot, Robespierre ist tot. Und jetzt bin ich Chef und Generalsekretär der Partei.

Marseillaise.

NAPOLEON Da ist die Marseillaise wieder.

Er wirft sich in den Rasierstuhl.

Jeanne jubelt auf, springt aufs Bett, hüllt sich in die Trikolore.

JEANNE Es gibt Krieg!
NAPOLEON Du hast es geschafft. Danke, daß du Woyzeck überredet hast, mich zu verschonen.
JEANNE Du bist ein Held. Soldaten mit Maschinenpistolen sind auf dem Flachdach.
NAPOLEON Beordert.
JEANNE Sie sinken auf die Knie, blicken zum Himmel.
NAPOLEON Befehlswidrig.
JEANNE Der Himmel wird immer durchsichtiger, strahlender, lichter.
NAPOLEON Eine Schönwetterlage mit großer Kälte kündet sich an: Übers Jahresende wird's eisig.
JEANNE Der Himmel öffnet sich. Die Heilige Katharina, die Heilige Margherita.
NAPOLEON Hoffentlich hält man sie nicht für Fallschirmspringer.
JEANNE Die Soldaten salutieren.
NAPOLEON Helm ab zum Gebet lernten sie nicht mehr.

Jeanne schreit auf, sinkt auf die Knie, blickt nach oben.

JEANNE Der Heilige Michael! Der Erzengel, redet zu mir, redet. Ich höre, ich höre –

Flüstert.

JEANNE Marengo.

Andächtig.

JEANNE Du sollst dich an Marengo erinnern. An Jena, an Wagram.
NAPOLEON Ich erinnere mich nur an meine Niederlagen.
JEANNE An Austerlitz.

Sie ist verklärt.

NAPOLEON Alles, was mir die Heilige Katharina, die Heilige Margherita und der Erzengel Michael zu sagen haben?
JEANNE Alles.

Napoleon kommt zu ihr.

NAPOLEON Siehst du sie öfters?
JEANNE Jeden Tag.
NAPOLEON Haben sie dir auch geraten, dich nackt für Jan Hus fotografieren zu lassen?
JEANNE Die Heilige Margherita hat es mir befohlen.
NAPOLEON Mit Gott, der Welt und dem Teufel zu schlafen?

JEANNE Die Heilige Katharina hat befohlen, mein Vaterland zu retten.

NAPOLEON Und was hat dir der Erzengel Michael noch befohlen?

Jeanne schweigt.

NAPOLEON Hat dir der Erzengel Michael befohlen, mit mir zu schlafen?

JEANNE Er hat's befohlen.

NAPOLEON Um mich zu töten? Mit dem Rasiermesser deines Vaters? Wenn ich eingeschlafen bin?

JEANNE Um dir Kraft zu geben, unsere Feinde zu besiegen.

NAPOLEON Du lügst.

Er wirft sie aus dem Bett.

JEANNE Ich spiele Jeanne d'Arc.

NAPOLEON Ich spiele Napoleon. So. Jetzt kann ich beruhigt schlafen.

Legt sich ins Bett, deckt sich mit dem Krönungsmantel zu.

Jeanne findet auf dem Boden eine Manuskriptseite, liest.

JEANNE »Er ging gleichgültig weiter, es lag ihm nichts im Weg, bald auf-, bald abwärts.«

BÜCHNER Am.

JEANNE Im.

BÜCHNER Am. Am Weg.

JEANNE »Am Weg, bald auf-, bald abwärts. Müdigkeit

spürte er keine, nur war es ihm manchmal unangenehm, daß er nicht auf dem Kopf gehen konnte.«

Büchner kommt zu ihr.

JEANNE Haben Sie das geschrieben?

BÜCHNER Ich hab das geschrieben.

JEANNE Mir ist es auch unangenehm, daß ich nicht auf dem Kopf gehen kann.

BÜCHNER Mir auch.

JEANNE Haben Sie das Stück geschrieben, in welchem ich jetzt spiele?

BÜCHNER Ich schreibe es. Aber niemand spielt meinen Text.

JEANNE Ich bin Judith.

BÜCHNER Ich weiß.

JEANNE Es tut weh, Jeanne d'Arc spielen zu müssen.

BÜCHNER Ich spiel Benjamin Franklin auch nicht gern.

JEANNE Warum hast du eine Heilige geschrieben, die eine Hure ist?

BÜCHNER Weil ich glaube, daß es weder Heilige noch Huren gibt.

JEANNE Mein Großvater trug eine schwarze Uniform. Er nannte mich Marienkäferchen, sein Marienkäferchen. Er nahm mich auf den Schoß. Meine Großmutter spielte auf dem Klavier, und mein Großvater sang die ›Winterreise‹ von Schubert. Wir wohnten in einem kleinen Holzhaus ganz in Blumen, noch nie habe ich nachher einen so schönen Garten gesehen. Einmal kam ein Mann in einem gestreiften Kleid zu uns, der sang auch die ›Winterreise‹, aber nicht so schön wie mein Großvater, er zitterte und hatte eine leise Stimme. Mein

Großvater sagte, der Mann sei ein berühmter Konzertsänger gewesen. Die Stadt meines Großvaters war eine
Fabrikstadt, weil sie nur eine Fabrik hatte und keine
Kirche. Um die Stadt waren hohe Wachttürme, und
die Häuser waren in langen Reihen und voller Menschen, die alle in der Fabrik arbeiteten, aus der Tag und
Nacht Rauch aufstieg, und jeden Tag kamen Menschen
in die Stadt meines Großvaters mit der Eisenbahn, um
in der Fabrik zu arbeiten, die immer rauchte. Den Geruch habe ich nie vergessen, der von der Fabrik kam.

BÜCHNER Alle Fabriken stinken. Auch die Schlachthöfe
stinken, die ich von meinem Vater geerbt habe.

JEANNE Es war eine gesunde Stadt, obgleich immer mehr
Menschen in sie hineinkamen. Ich dachte, die Stadt
müßte platzen, doch sie platzte nie, und nie gab es eine
Beerdigung. Wenn ich an der Hand meines Großvaters
durch die Straßen ging, grüßten alle Menschen. Sie
waren glücklich, weil sie in Sicherheit waren, denn die
Flieger warfen keine Bomben, wenn sie über unsere
Stadt flogen. Dann mußte meine Großmutter mit mir
in ein Dorf, und nach dem Krieg mußten wir in ein
Kino, und auf der Leinwand sah ich viele Menschen
und ein Gerüst und Soldaten, die meinen Großvater
auf das Gerüst begleiteten. Er trug nicht die schwarze
Uniform, sondern ein gestreiftes Kleid wie der be-
rühmte Konzertsänger. Dann haben die Soldaten meinen Großvater erhängt. Ich hab meinen Großvater
geliebt. Ich hab nachher keinen Menschen mehr geliebt. Wenn es einen Gott gibt, sieht er wie mein
Großvater aus.

BÜCHNER Ich liebe alle Menschen. Auch die tugendhaf-
ten, bornierten und dummen, weil ich über sie lachen,

auch die mächtigen, weil ich sie hassen kann. Nur
meinen Vater lieb ich nicht, weil er mich gemacht hat.

JEANNE Nun muß ich die Männer, Weiber und Kinder der
Stadt Bethulia retten. Ich hab noch mit keinem Mann
geschlafen. Aber ich werde zum Feldhauptmann Holofernes gehen, mit ihm schlafen und ihn dann töten.

BÜCHNER Wenn du Judith bist, hast du ihn schon getötet.

JEANNE Was geschehen muß, geschieht immer wieder. Es
wäre angenehm, wenn ich jetzt auf dem Kopf gehen
könnte.

Geht nach hinten.

BÜCHNER Judith.

Sie bleibt stehen.

Büchner zieht aus ihrem Stiefel ein Messer.

BÜCHNER Das Messer Woyzecks. Deines Vaters.

*Jeanne geht durch Türe 6 ab. Louis führt Büchner väterlich
zum Schreibtisch zurück.*

LOUIS Dieser, der sich einbildet, Büchner zu sein,
schreibt, und jene, die sich einbildet, Judith zu sein,
ging.

Geht nach vorne.

LOUIS Sie ließ auf eine ergreifende Zeitspanne lang das
Kostüm ihrer Rolle und dann das Hemd ihres Wahn-

sinns fallen und zeigte sich nackt, um sich dann, wieder
kostümiert, wie es in Achterloo schicklich ist, zurück-
zuziehen.

Setzt sich auf den Rasierstuhl, betrachtet Napoleon.

LOUIS Gewiß, wir fühlen uns normal, geistig beieinander,
gesund womöglich, doch gibt es einen Normalsinn oder
einen Gesundsinn?

Geht zu Napoleon.

LOUIS Erfaßt uns nicht die ungeheure Leere der Normali-
tät, geht die Welt nicht an ihrer strotzenden Gesundheit
zugrunde, saust sie nicht mit der trainierten Behendig-
keit der Spitzenathleten den Abhang hinunter, der in
Wahrheit ein Abgrund ist, weil nur der Irrtum einen
Sinn hat, den Irrsinn?

*Geht nach hinten zur Schneiderpuppe, trägt einen Stuhl an
die Rampe, setzt ihn sorgfältig hin.*

LOUIS Unser Damenschneider, der so ergötzlich jenem
nachplappert, der zu sein er sich einbildet, fragt nach
dem Grund des Wahnsinns, dem wir alle verfallen sind,
seien wir nun wahnsinnig, oder glauben wir nur, es
nicht zu sein, ein Glaube, den wir auch mit dem
Wahnsinnigen teilen, so oder so sind wir irrsinnig. Wir
haben nach dem Sinn des Irrsinns Mensch zu suchen.

*Geht zum Skelett, trägt einen zweiten Stuhl nach vorne,
stellt ihn sorgfältig neben den ersten.*

LOUIS Es gibt uns seit fast drei Millionen Jahren, einige
lächerliche Minuten im ungeheuren Verlauf der Evolution. Von unseren Vorfahren zeugen nur noch einige
Knochen, vor allem Gebisse oder doch Reste von
Unterkiefern, die uns erlauben, die Gebisse unserer
hominiden Vorfahren zu rekonstruieren. Gebisse!

*Eilt zum Skelett, entnimmt ihm das Obergebiß, hebt es in
die Höhe.*

LOUIS Ein gutes Gebiß. Ein echtes Gebiß. Ein schönes
Gebiß. Ein Menschengebiß. Unser aller Gebiß.

*Zieht mit der linken Hand eine Zahnprothese aus seinem
Ärztemantel, hält sie neben das Skelettgebiß.*

LOUIS Ein besseres Gebiß. Ein echteres Gebiß. Ein
schöneres Gebiß. Eine Zahnprothese. Unser aller
Hoffnung. Wie das Affengebiß danach drängte, ein
Menschengebiß zu werden, so sehnte sich das Menschengebiß, gefoltert von Zahnschmerzen, nach dem
Idealgebiß, dem Gebiß außerhalb seiner, nach dem
künstlichen Gebiß. Der Sinn der Gebisse schlechthin ist
die Prothese, in der Prothese findet das Gebiß seine
Vollendung. Suchen wir nach dem Sinn des Menschen,
müssen wir ihn außerhalb des Menschen suchen. Der
Weg ist schwierig, der Irrwege viele.

Setzt sich auf den zweiten Stuhl rechts, denkt nach.

LOUIS Das Gebiß eines Menschenaffen weist auf dessen
Schädel, der auf dessen Hirn, das Gebiß des Affenmen-

schen ebenso, dasjenige des Neandertalers desgleichen,
auch unser Gebiß weist auf unseren Schädel und der auf
unser Hirn, doch unsere Zahnprothese? Auch sie weist
auf unseren Schädel und auf unser Hirn.

Erhebt sich, geht gedankenverloren zum Skelett zurück,
setzt ihm das Gebiß wieder ein.

LOUIS Wir scheinen uns in einem Circulus vitiosus zu
bewegen, in einem Irrkreis der Evolution. Evolution!

Eilt nach vorne.

LOUIS Wiese nicht die Zahnprothese darüber hinaus hin
auf die Fähigkeit unseres Hirns, Prothesen herzustel-
len, damit nicht nur Prothesen des Gebisses, sondern
Prothesen seiner selber, Computer.

Hebt den zweiten Stuhl andächtig etwas in die Höhe.

LOUIS Der von seinem Schöpfer, dem Menschen, befreite
Computer ist der Sinn des Menschen, in ihm findet der
Mensch seine Vollendung.

Streichelt den zweiten Stuhl, betrachtet ihn, auf den ersten
Stuhl links gestützt.

LOUIS Die blutige Abendröte, der die Menschheit entgegentaumelt, um sich in ihr, überflüssig geworden,
aufzulösen, ist gleichzeitig die Morgenröte, aus deren
Feuerbad die neue Menschheit, jene der künstlichen
Gehirne hervorgeht,

Hebt den ersten Stuhl links in die Höhe.

LOUIS sich anschickend, ihren Sinn zu suchen, die Prothesen der Prothesen, den Übercomputer, der den Computer ersetzt als Sinn des Sinns.

Hebt beide Stühle in die Höhe, drohend.

LOUIS Erschrecken Sie nicht, meine Damen und Herren, vor Ihnen steht kein Irrer: Ich stelle mich Ihnen vor, Sie gleichzeitig beruhigend: Ich bin nicht Professor Löffel. Ich bin Carl Gustav Jung, geboren am 6. Juli 1875 in Keßwil, gestorben am 6. Juni 1961 in Küsnacht. Meine Damen und Herren, Sie dürfen jetzt endgültig beruhigt in die Pause gehen.

Louis schmeißt die Stühle weg, ab durch Türe 5.

BÜCHNER Welches Stück schreibe ich denn eigentlich?

Von rechts Cambronne.

CAMBRONNE Ich habe meinen Text vergessen.

Napoleon springt aus dem Bett.

NAPOLEON Professor Jung, meinen Revolver bitte!

Ab durch Türe 5.

Zweiter Akt

Wieder der Raum mit den elf offenen Flügeltüren.

Dahinter nichts.

Links Bett, rechts Rasierstuhl, hinten Schneiderpuppe, Skelett, drei Stühle.

In der Mitte des Raumes Büchner am Tisch voller Papiere. Er schreibt und schreibt.

Auf dem Boden Lexikonbände und Manuskriptseiten, die sich angehäuft haben.

Der Professor, in zugebundener Zwangsjacke, tritt auf.

PROFESSOR Ich habe entsprechend den Festlegungen der Verfassung um Mitternacht den Ausnahmezustand auf dem Territorium des gesamten Landes verkündet. So lautete der Beginn meiner Fernsehansprache, die in der Nacht vom 12. zum 13. Dezember 1981 eine Welt aufhorchen ließ und entsetzte, die sie inzwischen vergessen hat. Das Spiel, worin ich mitwirke, ist längst überholt, ein Schicksal, das es mit jedem Stück teilt, das mit der Absicht gezimmert wird, die Zeit, in der es spielt, in eine weniger vergängliche zu rücken, in unsere Gegenwart womöglich, in die vergänglichste aller Zeiten. Ein Narr, wer sich noch einbildet, für die Zukunft zu malen, zu komponieren, zu schreiben. Die Quelle, woraus die Zukunft fließt, sich in der Gegenwart staut und in der Vergangenheit versickert, versiegt. Angesichts dieses dunklen Bildes sind nur zwei Haltungen möglich: sich der Nostalgie hinzugeben oder dem Denken, die Vergangenheit zu verherrlichen, indem ich in ihr die Gegenwart suche, oder durch Denken die Vergangenheit und die Gegenwart zu mißachten. Nur dem Denken ist es gleichgültig, ob die Wirklichkeit ist, sein oder nicht sein wird. Es genügt ihm, daß sie denkbar ist, und denkbar ist die Wirklichkeit nicht mehr wirklich. Sie ist in den Gedanken gerückt, zum Gedanken geworden, unvergänglich, ist doch der Gedanke außerhalb von Raum und Zeit, von Sein und Nicht-Sein. Wenn es einen Gott gäbe, müßte er die Welt gehaßt haben, als er sie schuf, denn was geschaffen wird, stürzt aus dem Gedanken in die Wirklichkeit, und was wirklich ist, vernichtet sich selbst oder wird vernichtet. Gott ist ein unanständiger Gedanke, und der Mensch ein unanständiger Gedanke dieses unanständigen Gedankens, gäbe es Gott. Doch wozu einen Gott anpöbeln, den es nicht gibt? Wir sind schrecklicher als er, wenn es ihn gäbe. Wir denken unsere Möglichkeiten zu Ende, und im Versuch, sie zu verwirklichen, schaffen wir eine Wirklichkeit, die uns zugrunde richtet. Die verfluchten Utopien. Opfer unseres Denkens, legen wir den Kopf unter das Fallbeil unserer Gedanken. Darum will ich, ein Mann, der aus dem Nichts nach Achterloo kam, vor dem er sich ein Leben lang gefürchtet hat, daß er dorthin komme, in diese fürchterliche Wirklichkeit, wo irgendwo hinter leeren Türen sein Tod auf ihn wartet, mich wieder in die Unwirklichkeit einer Rolle flüchten, gleichgültig wen sie darstellen soll, den Professor, Napoleon, oder den, den der Autor mit ihr meint. Leben ist nur im Unwirklichen einer Rolle möglich.

Toccata, Adagio und Fuge in C-dur von Bach.

NAPOLEON Büchner! Was soll dieser Lärm?
BÜCHNER Toccata, Adagio und Fuge in C-dur von Bach. Sie haben sich am Schluß an meinen Text gehalten. Gott ist ein unanständiger Gedanke und der Mensch ein unanständiger Gedanke dieses unanständigen Gedankens, gäbe es Gott. Da spürt man das Nervenfieber, woran ich gestorben bin. Die Stelle kommt im Schlußmonolog, bevor Sie sich erschießen. Sie wollen sich doch noch erschießen? Bitte, bitte. Nur die Stelle dann etwas hektischer und kälter, bevor Sie abdrücken, ganz letzte Erkenntnis. Die Besucher müssen spüren, daß ich an meinen Vater gedacht und geweint habe, als ich sie niederschrieb.
NAPOLEON Aufhören! Das Harmoniumspiel soll aufhören!

Es verstummt.

Büchner tritt an die Rampe.

Louis tritt auf durch 1, beginnt die Türen zu schließen.

BÜCHNER Der Harmoniumspieler hat sich leider im ersten Akt verspätet, er kam erst zum Trauermarsch, der

Schlüssel zu seiner Gummizelle war nicht rechtzeitig zu finden. Er ist ein taubstummer Musikus aus Königsberg, heute Kaliningrad. Er verfällt bisweilen in Raserei und bildet sich ein, der von E.T.A. Hoffmann erfundene Kapellmeister Johannes Kreisler zu sein. Fürchten Sie nichts. Kreisler wird nur gefährlich, wenn er nicht an einem Instrument sitzt.

Plon-Plon tritt auf, durch Türe 1.

LOUIS Sie haben mit Unterstützung der Armee die Macht ergriffen, lieber Onkel.

PLON-PLON Ein politischer Schriftsteller, den niemand ernst nahm, nannte damals diese Politik Bonapartismus.

NAPOLEON Wie hieß dieser Schriftsteller?

LOUIS Karl Marx.

PLON-PLON Auch heute liest ihn niemand.

NAPOLEON Endlich begreife ich, warum ich den Napoleon spiele. Das Volk, Louis?

LOUIS Protestmärsche.

NAPOLEON Die Freie Gewerkschaft?

PLON-PLON Generalstreik.

NAPOLEON Wir?

PLON-PLON Die Armee geht mit Panzerwagen und Wasserwerfern vor.

LOUIS Die Kaserne ist abgeschirmt.

NAPOLEON Ich regiere aus einem Grab.

LOUIS Eine Extraausgabe.

PLON-PLON Jeanne mit Robespierre im Bett!

Gibt Napoleon ein Magazin.

NAPOLEON Lord Tony hat sie fotografiert.

LOUIS Schlägt wie eine Bombe ein.

PLON-PLON Jetzt werden sie einmarschieren.

LOUIS Wir sind gezwungen, uns von Ihnen zu distanzieren, lieber Onkel.

PLON-PLON Aus innerster Überzeugung.

LOUIS Wir waren immer für das Volk. Besonders als ich Napoleon III. war. Aber ein zweites Sedan möchte ich nicht erleben.

PLON-PLON Cambronne wird unsere Stellung übernehmen.

Plon-Plon durch Türe 2 ab, Louis nach 5.

NAPOLEON Dann darf ich um meinen Revolver bitten.

LOUIS Er ist scharf geladen.

NAPOLEON Versprochen?

LOUIS Sie knallen sich doch nur eine Kugel vor die Stirn.

NAPOLEON Meine Angelegenheit.

LOUIS Leider müssen Sie sich noch gedulden. Ich muß vorher als Marx auftreten.

Louis ab durch Türe 5. Plon-Plon kommt zurück durch 2.

PLON-PLON Wer? Sie?

Louis kommt mit Bart durch 5.

LOUIS Ich spiele Karl Marx.

PLON-PLON Den spiele *ich*.

LOUIS Das wollen wir sehen – *Ich* spiele Karl Marx.

PLON-PLON Wo haben Sie den Bart her?

LOUIS Mein sinngerichtetes Denken hat mich nicht im Stich gelassen. Bei diesen Verrückten muß sich jemand einbilden, er sei der Liebe Gott.

Plon-Plon schneidet ihm den Bart entzwei.

PLON-PLON Und nun wollen *Sie* Karl Marx spielen?

LOUIS Ich bin als Louis unterbesetzt.

PLON-PLON Überbesetzt.

LOUIS Sie wissen wohl nicht, wer ich bin?

PLON-PLON Professor Hans Löffel!

LOUIS Professor Sigmund Freud!

PLON-PLON Ich habe die Patientenkartei durchstöbert. Sind Sie bereit, daß ich Ihnen die Wahrheit ins Gesicht schleudere?

LOUIS Schleudern Sie.

Setzt sich in den Rasierstuhl.

PLON-PLON Sie sind nicht der Direktor von Achterloo, Professor Hans Löffel, wie Sie uns weismachen wollen.

LOUIS Na und?

PLON-PLON Sie sind auch nicht Carl Gustav Jung, wie Sie den Besuchern weismachen wollen.

LOUIS Nur zu.

PLON-PLON Sie sind der Gebißtechniker Jean-Pierre Leuli vom Zahnärztlichen Institut Sempach am Sempachersee.

LOUIS Danebengeschleudert. Als Karl Marx wären Sie die Fehlbesetzung des Jahrhunderts.

PLON-PLON Ich muß schon fragen, für wen halten Sie mich?

LOUIS Professor Sigmund Freud!

PLON-PLON Jean-Pierre Leuli!

LOUIS Auch ich habe die Patientenkartei durchstöbert. Sind Sie bereit, daß ich Ihnen die Wahrheit ins Gesicht schmettere?

PLON-PLON Schmettern Sie.

Setzt sich in den Rasierstuhl.

LOUIS Sie sind nicht Sigmund Freud, wie Sie uns weismachen wollen.

PLON-PLON Nur zu.

LOUIS Sie sind auch nicht Sigmund Freuds Doppelgänger, wie Sie den Besuchern weismachen wollen.

PLON-PLON Na und?

LOUIS Sie sind der Damenschneider Ignaz Schwänzel aus Oberhofen am Thunersee.

PLON-PLON Danebengeschmettert. Als Karl Marx wären Sie die Fehlbesetzung des Jahrhunderts.

LOUIS Herr Schwänzel, ich sollte Sie wohl auf der Couch hineinschieben, wollen Sie Karl Marx spielen?

PLON-PLON Herr Leuli, wäre Marx auf meiner Couch gelandet, hätte er nicht seine ödipalen ökonomischen Theorien verkündet.

LOUIS Und Sie? Sie wären höchstens imstande, Lenchen Demuth, die sich in Marxens Haushalt aufopferte, ein Umstandskleid zurechtzuschneidern.

Louis ab durch Türe 1.

PLON-PLON Und Sie? Das Klappern Ihres Gebisses hat mich nie gestört, aber als Karl Marx? Sie Gebiß-Corbusier, Sie!

Plon-Plon rennt ihm durch Türe 1 nach.

NAPOLEON Eine Nacht, einen Tag und wieder eine Nacht,
  wie damals, zwischen zwei Bestien, die sich belauern.
  Und keinen Schlaf. Als wäre ich noch Außenminister.
  Da schlief wenigstens mein Präsident.

Woyzeck kommt, hinkend, mit Aktentasche, durch Türe 5.

WOYZECK Mein Messer. Mein Messer.

Stutzt.

WOYZECK Herr General, sehen Sie den roten Streif da über
  den Boden hin, wo die Schwämme so nachwachsen? Da
  rollt abends der Kopf. Es hob ihn einmal einer auf, er
  meint', es wär ein Igel. Es geht hinter mir, unter mir.
  Die Erde schwankt unter unseren Sohlen. Hohl, Herr
  General. Alles hohl da unten. Die Freimaurer. Die
  haben mein Rasiermesser zu sich hinunter geholt.
BÜCHNER Hier. Von deiner Tochter.

Gibt ihm das Rasiermesser.

NAPOLEON Woyzeck! Wie sieht Er denn aus? Mir ist ganz
  schwindlig, wie Er aussieht. Das hab ich nicht gern. Ein
  guter Mensch ist dankbar, sieht gut aus und hat sein
  Leben lieb.

Setzt sich auf den Rasierstuhl.

WOYZECK Wurde verprügelt, Herr General.

NAPOLEON Von wem?

WOYZECK Vom Volk.

NAPOLEON Weshalb?

WOYZECK Herr General wissen schon –

NAPOLEON Weil du mich nicht –?

WOYZECK Weil ich Sie nicht –

NAPOLEON Rasier Er mich, Woyzeck.

BÜCHNER Professor, das ist in meinem Text nicht geschrieben.

NAPOLEON Schreib es rein.

BÜCHNER Aber ich hab ihm ja sein Messer wiedergegeben. Sie wollten sich doch erschießen.

NAPOLEON Na und?

Woyzeck bindet Napoleon das Rasiertuch um.

NAPOLEON Er hat gestern tüchtig gearbeitet, Woyzeck. Fouché bekommt ein Staatsbegräbnis. Geh Er zum Schreibtisch.

Woyzeck gehorcht.

NAPOLEON Such Er auf dem Schreibtisch Büchners den Großen Roten Treueorden mit Sichel und Hammer.

Woyzeck gehorcht.

NAPOLEON Steck Er ihn an.

Woyzeck steckt sich den Orden an.

WOYZECK Jawohl, Herr General.

NAPOLEON Seif Er mich ein.

WOYZECK Sofort, Herr General.

Schlägt Seifenschaum

WOYZECK Dank auch für den Orden, Herr General.

NAPOLEON Fürs Hinrichten, nicht fürs Rasieren.

WOYZECK Werd's mir merken, Herr General.

NAPOLEON Er trägt den Orden, den Fouché trug. Er war gestern Generalsekretär, und heute bin ich Generalsekretär.

WOYZECK Es blieb ihm nichts anderes übrig, als sich mir hinzusetzen, und es blieb mir nichts anderes übrig, als ihm die Kehle durchzuschneiden, Herr Generalsekretär, und nun haben Sie sich ja auch hingesetzt.

Seift ein.

NAPOLEON Woyzeck, Er philosophiert wieder.

WOYZECK Es war eine Fehlleistung, Herr General. Auch die Marie ist eine Fehlleistung gewesen, vor zwanzig Jahr. Ich hätt' dem Doktor und dem Tambourmajor die Kehle durchschneiden sollen, hat der Herr General selber gesagt, und ich hätt' gestern Ihnen die Kehle durchschneiden sollen, nicht Fouché. Eingeseift, Herr General.

NAPOLEON Dient Er immer noch dem Doktor für seine Experimente, Woyzeck? Frißt Er immer noch Erbsen?

WOYZECK Als Scharfrichter wird unsereiner Vegetarier, Herr General.

Woyzeck beginnt zu rasieren, singt:

WOYZECK ›Auf der Welt ist kein Bestand. Wir müssen alle
  sterben.‹

Rasiert.

WOYZECK Karl Marx ist gelandet.
NAPOLEON Jetzt wird's ernst.
WOYZECK Und wie.
NAPOLEON Jeanne?
WOYZECK Wurde verhaftet.

Rasiert.

NAPOLEON Vorauszusehen.
WOYZECK Werden Herr General Jeanne helfen?
NAPOLEON Nein.
WOYZECK Dann wird der Himmel Jeanne helfen.
NAPOLEON Sie wird sich selber helfen.
WOYZECK Jetzt kommt am Hals Ihre heikle Stelle.

Rasiert.

NAPOLEON Schabt Er mit dem gleichen Messer, mit dem
  Er Fouché –?
WOYZECK Unsereins hat kein zweites Messer, Herr Gene-
  ral.

Zuckt zurück.

WOYZECK Ein ordentlicher Mensch hat sein Leben lieb, und ein Mensch, der sein Leben lieb hat, hat keine Courage nicht. Wer Courage hat, ist ein Hundsfott.

Salve.

WOYZECK Man schießt, Herr General. Man schießt im Kasernenhof. Päng.

Salve.

NAPOLEON Vorbei mit der Grabesstille.

Salve.

WOYZECK Päng, päng, päng und päng! Immerzu, immerzu.

Dreht sich um sich selber.

WOYZECK Das hat die Marie gesagt und getanzt mit dem Tambourmajor. Was ist der Mensch? Knochen, Staub, Sand, Dreck. Aber die dummen Menschen, die dummen Menschen. Der Mensch haut, schießt, sticht, hurt.

Salve.   ·

Wirft das Rasiermesser auf den Boden.

WOYZECK Fertig, Herr General.

Öffnet ihm die Zwangsjacke.

WOYZECK After-shave, Herr General?
NAPOLEON Dunhill.

Woyzeck reibt Napoleon After-shave ein.

WOYZECK Es muß was Schönes sein um die Tugend, Herr
General.
NAPOLEON Ich mein es gut mit Ihm. Er hätte zuschneiden
sollen.
WOYZECK Herr General, ich hab's Zittern.
NAPOLEON Die Erbsen, Woyzeck, die Erbsen.

Salve.

Woyzeck duckt sich.

WOYZECK Blaue Bohnen, Herr General, blaue Bohnen.
Päng, päng, immerzu.

Salve.

Woyzeck tritt zurück. Packt seine Rasierutensilien zusammen.

WOYZECK Ich hab keine Courage, Herr General. Ich bin
kein Hundsfott. Adjes, Herr General.

Rennt weg.

NAPOLEON Woyzeck.
WOYZECK Herr General?
NAPOLEON Das Messer.

Woyzeck kommt zurück, hebt das Rasiermesser auf.

NAPOLEON Gib es her.

Woyzeck gibt ihm das Messer.

WOYZECK Ist das Nein am Ja oder das Ja am Nein schuld?
Ich will darüber nachdenken, Herr Generalsekretär.

Napoleon gibt Woyzeck einen Fußtritt, daß er hinstürzt.

NAPOLEON Wer kein Hundsfott ist, ist ein Ehrenmann,
Woyzeck, und Er ist ein Ehrenmann. Wenn ich sag Er,
so mein ich Ihn, und wenn ich sag Ihn, so mein ich das
Volk.

Wirft das Messer zum Harmonium.

WOYZECK Ich blut.
NAPOLEON Hinaus mit dir. Es ist unanständig, vom Volk
Courage zu fordern.

Woyzeck hinkt hinaus.

WOYZECK Seht, wie die Sonn kommt zwischen den Wol-
ken hervor, als würd'n Nachttopf ausgeschütt.

Ab durch Türe 5.

NAPOLEON Franklin. Auftreten.

Büchner fährt von seinem Schreiben auf.

BÜCHNER Ich muß nur meinen Stock holen.

Schlägt den Kopf am Schreibtisch auf.

BÜCHNER Au!

Steht auf.

NAPOLEON Sie bluten an der Stirn, Franklin, Woyzeck blutet, Sie bluten. Ein blutiger Morgen.

Büchner spielt Franklin.

FRANKLIN Nicht der Rede wert, Bonaparte. Ein Panzer fuhr frontal in meinen Cadillac.
NAPOLEON Bestürzt.
FRANKLIN Mein Fahrer ist tot. Ein Farbiger.
NAPOLEON Beileid.
FRANKLIN ›Black is beautiful.‹ Gut für unsere Propaganda. Der Panzer schob mich in Ihre Garage.

Napoleon reicht ihm das Magazin.

FRANKLIN Phantastisch, die Extraausgabe.
NAPOLEON In Rekordzeit gedruckt.
FRANKLIN Wie wird es Marx aufnehmen?
NAPOLEON Er ist gelandet und hat Jeanne verhaftet.
FRANKLIN Hus?
NAPOLEON Hab ich verhaftet.
FRANKLIN Sie haben ihn verraten.
NAPOLEON Ich mußte aus Staatsräson wie Kaiser Sigismund handeln.

BÜCHNER Das Fernsehen –

Durch Türe 5 kommt Robespierre als Kaiser Sigismund, im
Frack, mit Monokel und Zylinder, hebt ein Lexikon auf,
blättert darin.

SIGISMUND ›Weißt du, wo die Kaiser sind? Wo sind sie
geblieben?‹ Ich stehe im ›Meyer‹ 1897 zwischen Siegmar, einem sächsischen Nest in der Nähe von Zwickau,
und Siegwurz, siehe Gladiolus und Lauch, als Sieg-
mund, Römischer Kaiser, zweiter Sohn Kaiser Karls IV.
von dessen vierter Gemahlin Elisabeth von Pommern.
Keine Ahnung, wer diese Herrschaften sind. Vielleicht
waren sie im King's Club in Sankt Moritz, als ich dort
als Marlene Dietrich auftrat, aber ich glaube kaum,
denn Kaiser Karl IV. ist schon 1378 gestorben. Ich trete
immer als Marlene Dietrich auf.

Kommt mit einem Stuhl nach vorne, singt.

SIGISMUND ›Ich bin die fesche Lola...‹

Setzt sich.

SIGISMUND Manchmal werde ich auch mit ihr verwechselt. Aber ich treibe es nur mit Lesbierinnen. Die
erleben dann eine Offenbarung. Ich bin nämlich ein
Transvestit. Vor der Pause habe ich Fouché und Robespierre dargestellt, zum Glück legte ich schnell eine
Puppe aus dem Fundus auf die Karre, sonst – Und da
sitze ich in der Anstaltskantine, lege Patiencen, während Müller eins und Müller zwo ihre endlosen Texte als

Marx eins und zwo büffeln und nicht wissen, daß sie
längst gestrichen sind, und werde aufgefordert, Kaiser
Sigismund zu spielen. Scheiße. Ich bleibe so, wie ich
bin. Ich trage immer Frack, Monokel und Zylinder, es
gibt nichts Weiblicheres. Ich kann auch so den Kaiser
Sigismund darstellen, von dem ich nur weiß, er habe
Hus freies Geleit versprochen und sei in Znaim gestor-
ben. Wer stirbt schon in Znaim? Wo ist das überhaupt?
Was sonst noch im ›Meyer‹ über mich stand, hab ich gar
nicht gelesen. Wozu auch? Ich begreife nicht, warum
dieser Erbe einer Spanferkelkette, der sich für einen
Dichter hält, der schon lange tot ist, mich als Kaiser
Sigismund auftreten läßt. Es besteht kein Grund dazu.
Dramaturgisch bin ich ein Unsinn. Ich kann das beur-
teilen. Ich wollte einmal Schauspieler werden. Das
Theater verlockte mich. Aber wer will sich schon einer
Kunst hingeben, die nur noch im Irrenhaus stattfindet?
So wurde ich Transvestit.

Legt Franklin den linken Arm um die Schulter.

SIGISMUND Armer Georgy Büchner. Nur ihm zuliebe hab
ich die Rolle des Sigismund angenommen. Ich fühle
schwesterlich für ihn, das heißt natürlich, brüderlich.
Er schreibt und schreibt. Aber vielleicht hat er das Stück
gar nicht geschrieben, das wir spielen. Vielleicht gibt es
ein Achterloo hinter Achterloo, wo ein Irrsinniger ein
Stück schreibt, in welchem ein Irrsinniger ein Stück
schreibt, das von Irrsinnigen gespielt wird. Vielleicht
meint der Irrsinnige, langsam dem Grab zurutschend,
einen Irrsinnigen schreibend, der schreibt, mit diesem
sich selber.

Starrt ins Publikum.

SIGISMUND Ich bin tief religiös. Ehrlich. Ich denke über
Gott nach. Wenn Gott die Welt geschaffen hat, wer hat
Gott geschaffen und wer den Gott, der den Gott
geschaffen hat, der die Welt geschaffen hat, und so frage
ich immer weiter. Immer steht hinter einem Gott noch
ein Gott, ich bin schon auf hunderttausend Gotts
gekommen oder auf eine Million, ich weiß es nicht so
genau, nur ungefähr, und immer steht wieder ein Gott
hinter einem Gott, und weil ich immer an Gott denke,
hat mich der Papst in Achterloo eingelocht. Ich weiß
nur nicht welcher. Gregor XII., Benedikt XIII. oder
Johannes XXIII. Sie sind alle gestrichen, und ich kann sie
nicht mehr fragen.

Steht auf.

SIGISMUND Tschüß, Georgy.

Singt.

SIGISMUND ›Sagt mir, wo die Blumen sind.‹

Geht durch Türe 5 ab.

NAPOLEON Warum eigentlich werden wir in jedem Gespräch, das wir miteinander führen, völlig unmotiviert
unterbrochen?
FRANKLIN Der Transvestit sollte erst gegen Ende auftreten. Sein Stichwort ist Kaiser Sigismund. Das sollte Hus
sagen. Jetzt haben Sie es gesagt.

NAPOLEON Das konnte ich doch nicht wissen!

BÜCHNER Sie haben ja meinen Text nicht gelesen.

NAPOLEON Er ist ja nicht fertig.

BÜCHNER Diese Szene schon.

NAPOLEON Spielen wir weiter.

BÜCHNER Jetzt hänge ich.

Napoleon nimmt ein Blatt, liest.

NAPOLEON Das Fernsehen...

FRANKLIN Das Fernsehen...

Hängt.

NAPOLEON Das Fernsehen drüben hatte...

FRANKLIN Das Fernsehen drüben hatte Ihr Ableben und
das militärische Hilfsangebot des Präsidenten an Fouché schon gemeldet.

NAPOLEON Jeannes Bemühungen, einen Krieg zu entfes-
seln, konnten nur durch eine Militärdiktatur verhindert
werden.

FRANKLIN Unbegreiflich, daß dieses Mädchen so blutrün-
stig ist.

NAPOLEON Wer an eine unsterbliche Seele glaubt, für den
ist der Weltuntergang nicht sonderlich schlimm. Der
Präsident?

FRANKLIN Wütet.

NAPOLEON Warum denn?

FRANKLIN Er mußte das Hilfsangebot zurückziehen. Er
wäre sonst mit einer weiteren Militärdiktatur verbündet. Ich habe den zweitschärfsten Protest zu überrei-
chen, den der Präsident je verfaßt hat. Der schärfste
geht an Karl Marx.

NAPOLEON Na, sehen Sie: Jetzt hat der Präsident endlich einmal eine glanzvolle Idee gehabt.

Salve.

FRANKLIN Man schießt.
NAPOLEON Erschießt.
FRANKLIN Wen?
NAPOLEON Parteifunktionäre.

Salve.

NAPOLEON Ich nutze eine Gelegenheit: Alles denkt an die Freie Gewerkschaft und niemand an die Partei. Ein Grund, sie zu säubern.

Ein Schuß.

FRANKLIN Jetzt?
NAPOLEON Woyzeck.
FRANKLIN Den Scharfrichter?
NAPOLEON Er funktionierte nicht mehr wunschgemäß. Frühstück?
FRANKLIN Schön, ich halte mit.

Napoleon klatscht in die Hände.

In Türe 5 erscheint Cambronne mit Tablett, darauf ein Spanferkel, Schnaps und zwei Gläser.

CAMBRONNE Das – das –
NAPOLEON Das Frühstück.

CAMBRONNE Ein – ein – Spanferkel.
FRANKLIN Ich muß Besuch bekommen haben.
CAMBRONNE Und Schnaps.
NAPOLEON Spanferkel?
FRANKLIN Lieber nicht.
NAPOLEON Schnaps?
FRANKLIN Gern.

Schenkt sich ein. Napoleon bringt das Spanferkel nach rechts zum Harmonium.

FRANKLIN Für Kreisler. Morgen wären sie einmarschiert.

Franklin trinkt, starrt Napoleon entgeistert an.

FRANKLIN Wären? Karl Marx ist gelandet.
NAPOLEON Na und? Er wird mir zu meiner Militärdiktatur gratulieren, am Abend zurückfliegen und seine Truppen zu Hause lassen.
FRANKLIN Er hat die Jungfrau verhaften lassen.
NAPOLEON Ich kann mir denken, was er mit ihr vorhat.
FRANKLIN Noch einen Schnaps.

Schenkt sich ein.

FRANKLIN Glauben Sie –

Leert das Glas.

FRANKLIN Napoleon, glauben Sie, daß er nicht einmarschiert?
NAPOLEON Wenn der Präsident glaubt, hinter meiner

Militärdiktatur stecke Marx, marschiert dieser nicht ein, und Marx blamiert sich, wenn er einmarschiert.

Lacht.

FRANKLIN Noch einen Schnaps.
NAPOLEON Es ist wichtig, daß Sie jetzt nüchtern bleiben. Besaufen können Sie sich im Flugzeug.

Franklin stellt gehorsam den Schnaps auf das Tablett.

NAPOLEON Sie beschwören den dritten Weltkrieg herauf, wenn der Präsident auf die Idee kommt, ich hätt aus eigenem Antrieb eine Militärdiktatur errichtet.

Er stellt zwei Stühle in den Vordergrund, demonstriert seine Politik an ihnen.

NAPOLEON Wir haben zwei Machtblöcke: den Ihren und den unsrigen. Ihrer ist ein Bündnis von Staaten, der unsrige auch. Der Ihre wird von einer Supermacht dominiert, der unsrige auch.
FRANKLIN Die beiden Machtsysteme können Sie unmöglich vergleichen.
NAPOLEON Gerade auf ihre Gleichheit gründet sich meine Überlegung.
FRANKLIN Unterschiede sind Unterschiede.
NAPOLEON Jede Supermacht glaubt, die andere beherrsche ihre Partner vollständig.
FRANKLIN Das ist in Ihrem Machtlager jedenfalls so.
NAPOLEON Ihr Einwand beweist, daß meine Überlegung nicht ganz falsch ist. Sie projizieren in unser Machtlager

das Bild, das Sie sehen möchten. Daß unsere Seite der Ihren gegenüber der gleichen Täuschung verfällt, ist ein weiterer Beweis. Jeder Versuch einer politischen Änderung in den zwei Machtbereichen wird auf den Einfluß der anderen Supermacht zurückgeführt: Unsere Freie Gewerkschaft wird euch, und eure Friedensbewegung uns zugeschrieben.

FRANKLIN Banalitäten.

NAPOLEON Auch die Grundlagen der Logik sind banal. Der Identitätssatz, der Satz vom ausgeschlossenen Dritten und so weiter, und was läßt sich nicht aus diesen Banalitäten folgern. Nach der Ansicht des Präsidenten ordnet in unserem Machtsystem alles Marx an, also auch meine Machtübernahme. Und weil es der Präsident glaubt, unternimmt Marx nichts, den Glauben des Präsidenten zu zerstören. In dem Augenblick aber, wo der Präsident glaubt, ich hätte eigenmächtig gehandelt, bricht auch der Grund für Marx zusammen, gegen mich nichts zu unternehmen, und ich vermag den Krieg unserer Armee gegen seine Truppen nicht zu verhindern, und der Präsident muß einschreiten.

FRANKLIN Sie spielen riskant.

NAPOLEON Ich zähle darauf, daß Sie den Präsidenten in seiner fixen Idee bestärken, ich hätte auf Befehl gehandelt, sonst könnte der Atomkrieg ausbrechen.

FRANKLIN Doch noch einen Schnaps.

Franklin schenkt sich ein.

FRANKLIN Napoleon –
NAPOLEON Franklin?
FRANKLIN Ich muß in meine Botschaft zurück.

NAPOLEON Der Panzer steht zu Ihrer Verfügung.
FRANKLIN Da wär noch was.

Trinkt. Stellt das Glas aufs Tablett.

NAPOLEON Abtreten, Cambronne.

Cambronne betrunken durch Türe 5 ab.

FRANKLIN Ich hab in meinen Schriften ein einfaches Leben gepredigt. Ich glaube an den Erfolg durch Fleiß, Rechtschaffenheit, Selbstdisziplin und Sparsamkeit.
NAPOLEON Und?
FRANKLIN Ob wohl Aufnahmen von Jeanne und mir –? Von Ihrem Geheimdienst?
NAPOLEON Anzunehmen.
FRANKLIN Die Vereinigten Staaten wurden im Namen Gottes und der Vernunft gegründet. Ich bin neben Washington, Jefferson und Lincoln für die Amerikaner ein Idol der Demokratie, ihr lebendiges Denkmal sozusagen.
NAPOLEON War ich auch einmal. Beethoven hat mir die ›Eroica‹ gewidmet.
FRANKLIN Die Widmung hat er wieder durchgestrichen.
NAPOLEON Komponisten sind launisch.
FRANKLIN Wenn an den Kantinenwänden unserer Soldaten Posters hängen, auf denen ich mich mit der Jungfrau nackt in einem Bett wälze, werde ich aus dem Buch der Geschichte gestrichen.

Napoleon steht auf.

NAPOLEON Die Fotos und die Negative sind schon in Ihrer Botschaft. An Sie persönlich adressiert. Bye-bye, Benjamin.

Hus tritt durch Türe 5 auf, in Handschellen, mit Ketzerhut.

HUS Gibt es in dieser Kaserne nichts zu essen? Die Bauern halten die Lebensmittel zurück. Die paar Cornichons, die ich gestern bei dir aufgetrieben habe, waren meine letzte Mahlzeit. Wenn ich an die Hafergrütze zurückdenke, die mir und dem Papst in Gottlieben ins Maul geschmiert wurde, als wir zusammen im gleichen Gefängnis lagen, läuft mir das Wasser im Mund zusammen. Nimmt mich doch wunder, ob ich nicht etwas Eßbares zusammenkratze. Büchner, Text übernehmen.

Er rast durch Türe 1 hinaus.

BÜCHNER Wie hast du mich aufgestöbert?
NAPOLEON Du hast mir die Adresse selber gegeben. Sie haben dich dort gefunden, wo ich untertauchen sollte.
BÜCHNER Marschieren sie ein?
NAPOLEON Nein.
BÜCHNER Warum hast du mich dann verhaftet?
NAPOLEON Damit sie nicht doch noch einmarschieren.
BÜCHNER Für wen bist du eigentlich?
NAPOLEON Für die einzige Lösung.
BÜCHNER Die wäre?
NAPOLEON In den nächsten Tagen laß ich von euch Tausende verhaften.
BÜCHNER Den Generalstreik kannst du nicht unterdrükken.

NAPOLEON Es wird Tote geben.

BÜCHNER Viele Tote.

NAPOLEON Das Volk wird nach und nach seine hoff-
nungslose Lage akzeptieren.

BÜCHNER Das nennst du eine Lösung.

NAPOLEON Die einzige.

BÜCHNER Was hast du mit mir vor?

NAPOLEON Du bekommst Hausarrest in der Villa Fouchés.

BÜCHNER Laß mich erschießen.

Hus kommt durch Türe 8 zurück.

NAPOLEON Dazu sind andere da.

HUS Nichts gefunden. Der Eßsaal und die Küche voller
Fliegen. In der Vorratskammer fressen Ratten tote
Ratten.

BÜCHNER Besser wär verbrennen.

HUS Wieso?

BÜCHNER Ihr Text.

HUS Ach so. Besser wär verbrennen.

NAPOLEON Du bist nicht mehr in Konstanz. Übergieß
dich mit Benzin, einige Monate Kränze und Kerzen,
aber dann vergißt man dich. Es gibt zu viele Märtyrer
heut, zu viele verbrennen sich selber.

HUS Wir waren Freunde.

NAPOLEON Wir sind es noch.

HUS Kaiser Sigismund hat mich in Konstanz auch verraten.

NAPOLEON Aus Dummheit.

Kaiser Sigismund tritt wieder auf, singt.

SIGISMUND ›Weißt du, wo die Kaiser sind, wo sind sie geblieben?‹ Ich stehe im ›Meyer‹ 1897 zwischen Siegmar, einem sächsischen Nest in der Nähe…

Hus ergreift einen Stuhl, rast ihm entgegen.

HUS Sigismund.

Sigismund flüchtet durch Türe 5, Hus ihm nach.

Von hinten durch 7 Richelieu. Der Kardinal ist mit der schwarz-weißen Kutte eines Trappistenmönchs bekleidet. Er trägt eine tote sandfarbene Hündin in den Armen, bedeckt mit einem violetten Tuch.

RICHELIEU Bonaparte.
NAPOLEON Richelieu! Ich brauche den Segen der Kirche.

Wirft sich ihm zu Füßen. Stutzt.

NAPOLEON Was tragen Sie denn für eine unmögliche Kutte?
RICHELIEU Ich trete in ein Trappistenkloster ein.
NAPOLEON Wozu?
RICHELIEU Damit ich endlich den Mund halte.
NAPOLEON Sie sind flotschnaß.
RICHELIEU Einer Ihrer Wasserwerfer.
NAPOLEON Saßen Sie denn nicht in Ihrem Mercedes?
RICHELIEU Ich stand hinten im offenen Kabriolett, um mich unwürdigen Sünder den Gläubigen zu zeigen. Ich stand wie in einer Badewanne, als ich in Ihrer Kaserne ankam. Ich bin bis auf die Knochen durchfroren.

NAPOLEON Ziehen Sie schleunigst die Kutte aus.
RICHELIEU Mich auszuziehen – ? Niemals!

Niest.

RICHELIEU Marx ließ Jeanne verhaften.
NAPOLEON Er hatte allen Grund dazu.
RICHELIEU Läßt sie Marx erschießen, spricht sie die Kirche zum zweiten Mal heilig.
NAPOLEON Marx ist kaum so unvorsichtig.
RICHELIEU Jan Hus?
NAPOLEON Lasse ich verhaften.
RICHELIEU Verhaften Sie mich statt seiner.
NAPOLEON Ich mache mich nicht lächerlich.
RICHELIEU Meine Antwort.

Wirft Napoleon den Tierkadaver zu Füßen.

RICHELIEU Eine tote Hündin. Sie wurde vor meinem Palais von einem Panzer überfahren. Was hat dieser blutige Brei von Fleisch, Knochen und sandfarbenem Fell mit Ihren Plänen zu tun, Bonaparte?

Napoleon steht auf, starrt auf den Kadaver.

NAPOLEON Wenn ich den Volksaufstand jetzt nicht niederschlage, kommt es zum Bürgerkrieg; kommt es zum Bürgerkrieg, marschieren sie ein. Karl Marx ist schon im Land, und der Kardinal Richelieu wirft mir eine tote Hündin vor die Füße. Ich habe nichts mit diesem Kadaver zu tun.
RICHELIEU Nichts? Und wenn es ein Kind gewesen wäre, nichts? Und hundert Kinder, nichts?

Schlägt ihm das violette Tuch ins Gesicht.

RICHELIEU Und nichts mit den Plänen des Hus, der Ihre Pläne bewirkte, Bonaparte, und nichts mit meinen Plänen, die durch die Ihren bestimmt wurden, und nichts mit den Plänen von Marx, die Sie zu beeinflussen suchen. Alle unsere Pläne haben nichts mit dieser toten Hündin zu tun? Nichts? Ich schlottere.

NAPOLEON Cognac?

RICHELIEU Kümmern Sie sich nicht um mein zeitliches Wohl.

NAPOLEON Sie klappern mit den Zähnen.

Er nimmt den Krönungsmantel.

RICHELIEU Schüttelfrost.

NAPOLEON Ich laß einen Arzt kommen.

RICHELIEU Hüten Sie sich, Gott ins Handwerk zu pfuschen.

NAPOLEON Wärmen Sie sich wenigstens.

RICHELIEU Sie sind von Sinnen –

NAPOLEON Ihre Hände und Kutte sind blutig.

RICHELIEU Stört es Sie, Bonaparte?

Fühlt sich den Puls.

RICHELIEU Mein Puls rast.

Hustet.

RICHELIEU Gott der Herr sei gelobt. Der Husten schmerzt. Eine Lungenentzündung kündet sich an.

Hoffentlich noch Schlimmeres. Haben Sie eine starke Zigarre?

BÜCHNER Eine Monte Cristo Numero eins und Feuer.

Gibt Richelieu das Gewünschte.

RICHELIEU Jetzt nehme ich doch den Krönungsmantel.
NAPOLEON Bitte.
RICHELIEU Wenn ich mich an Sie schmiegen dürfte –

Pafft.

NAPOLEON Selbstverständlich.

Beide hüllen sich in den Krönungsmantel, setzen sich aufs Bett.

RICHELIEU Der Schüttelfrost läßt meine Gedanken gefrieren. Aus mir dampft eine Eishölle.

Hus, einen Stuhl schwingend und Urlaute keuchend, jagt von Türe 9 zu 3 Sigismund über die Bühne.

RICHELIEU Wärmt.

Pafft.

RICHELIEU Irgendein Gelehrter, der über Raum und Zeit nachdachte, schrieb einmal: Insofern sich die Sätze der Mathematik auf die Wirklichkeit bezögen, seien sie nicht sicher, und insofern sie sicher seien, bezögen sie sich nicht auf die Wirklichkeit.

Hustet.

RICHELIEU Ich bin gespannt, ob ich bei meinem desolaten
Zustand überhaupt noch in mein Trappistenkloster
komme.
NAPOLEON Die Ambulanz ist bereit.
RICHELIEU Die Stiche nehmen zu. Es ist etwas Groß-
artiges, wie sich eine tödliche Krankheit ausbreitet.

Hus jagt, wie oben, Sigismund von 1 nach 10.

Richelieu pafft.

RICHELIEU Was der unbekannte Gelehrte schrieb, gilt
auch für die Theologie und die Ideologie: Insofern sich
die Sätze der Theologie und der Ideologie auf den
Menschen beziehen, sind sie nicht sicher, und insofern
sie sicher sind, beziehen sie sich nicht auf den Menschen. Die Theologie und die Ideologie sind nur im
menschenleeren Raum wahr. Ich hätte es als Priester
wissen müssen: Das Christentum ist nur ohne Christen
vollkommen.

Durch Türe 4 ist Cambronne aufgetaucht.

CAMBRONNE Ich – ich –
RICHELIEU Was wünschen Sie, Pierre Jacques Etienne de
Cambronne, Pair de France?
CAMBRONNE Ich hab mein Wort vergessen.
RICHELIEU Ich kenn es. Es ist dem Zustand der Kirche
angemessen. Gehen Sie wieder.

Cambronne durch Türe 4 ab.

RICHELIEU Bonaparte, Sie, ich und Karl Marx haben auf Erden die Hölle geschaffen. Ohne uns wäre der Mensch der ganz passable Raubaffe mit durchaus beachtlichen humanen Zügen geblieben, wie ihn Gott erschaffen hat. Was ihn verteufelte, war unser Hang zum Absoluten. Wir erdachten uns eine Welt ohne den Menschen, weil wir ihn nicht liebten in all seinen bösen und guten Eigenschaften, in all seiner Erbärmlichkeit und in all seiner Herrlichkeit. Sie träumten von der Restauration des Römischen Imperiums, ich träumte vom absoluten Staat von Gottes Gnaden, und unser guter Karl Marx hofft noch immer auf den Sankt-Nimmerleins-Tag der Weltrevolution. Wir träumten nicht nur, wir planten. Wir planten nicht nur, wir handelten. Wir zwangen den unvollkommenen Menschen in unsere vollkommenen Hirngespinste.

Hustet.

RICHELIEU Das ist mir aufgegangen, als ich diese tote Hündin gefunden habe, von einem Panzer plattgewalzt. Es war mir, als läge die Menschheit vor mir.

Pafft.

RICHELIEU Die Güte des Herrn währet ewiglich. Jetzt machen sich auch die Stiche vorne auf der Brust bemerkbar. Das Rauchen beschleunigt rasant. Eine Erneuerung der Partei ist ebenso unmöglich wie eine der Kirche oder der Mathematik. Sicher, es gibt Erweite-

rungen – zur Euklidischen Geometrie stößt die nichteu-
klidische –, aber weder besteht das Kirchenvolk aus
Theologen, noch setzen sich die Volksschüler aus
Mathematikern zusammen, und die Marxisten erklären
ohnehin jene, die den Marxismus weiterdenken, für
verrückt.

Hustet ins Taschentuch.

RICHELIEU Ein Schwall von Blut. Und ich Sünder verkündete eine katholisch-marxistische alleinseligma-
chende Weltkirche! Phantastisch, diese Monte Cristo
Numero Eins.

Hus kommt hinkend zurück durch Türe 5.

HUS Jetzt hab ich ihn erledigt.

Richelieu erhebt sich. Hustet ins Taschentuch.

RICHELIEU Jetzt erinnere ich mich, wann ich dich gesehen
habe, Jan Hus: Als man dich in Konstanz verbrannte,
diskutierte ich in Florenz mit Brunelleschi die Regeln
der Perspektive und verpaßte das Spektakel, aber mehr
als zweihundert Jahre später warst du unter dem Namen Guiton Bürgermeister der hugenottischen Stadt La
Rochelle, die ich über ein Jahr lang belagerte. Ich
hungerte die Stadt aus, von 25 000 waren noch 5000 am
Leben, als sie sich ergab. Du schlepptest dich an mir
vorbei, mehr ein Gerippe als ein Mensch, und ich hatte
wieder einmal Fieber. Ich glaubte, über dich gesiegt zu
haben. Ich bin ein Narr gewesen, Jan Hus, und ich bin

ein Narr geblieben. Ich möchte fluchen, doch mein Amt
ist beten.

Betet.

RICHELIEU Mein Gott. Ich kann den Raum wegdenken,
sich ins Endlose dehnend mit seinen Milchstraßen, die
Zeit mit ihren heran und hinweg stürzenden Sekunden,
mich, einen erbärmlichen Tölpel, der deine Uner-
forschlichkeit zu durchdenken versucht, und dich, dessen Grund zu sein mir nicht mehr einleuchtet, nur diese
tote Hündin nicht, plattgewalzt von einem Panzer.

Er tritt den Hundekadaver.

RICHELIEU Alles, alles kann ich wegdenken, nur sie nicht.

Er hebt den Kadaver auf, legt ihn über die Schulter.
Napoleon legt ihm den Krönungsmantel wie einen Teppich
vor die Füße. Richelieu durch Türe 7 ab.

HUS Wer hat wen besiegt und wer ist der größte Narr in
diesem Tollhaus? Ich spielte Woyzeck und ich spielte
Hus. Woyzeck glaubte ich spielen zu können, Hus
fürchtete ich zu spielen. Jetzt fürchte ich mich nicht
mehr. Wir waren beide Woyzecke. Wir waren beide
verflucht bescheiden. Wir verlangten beide nur das
Mögliche und wurden beide ausgenutzt. Wir waren
beide ein Opfer unserer Halbherzigkeit. Woyzeck
wagte nicht zuzudrücken, und ich hing zu sehr an der
alten Ordnung.

Holt sein Köfferchen hinter dem Bühnenportal rechts
hervor, setzt sich darauf.

HUS Ich hab einmal, als ich noch Pfarrer im Eremitenkirchlein war, von einem Astronom gelesen, der Tycho
Brahe hieß. Er wollte das ptolemäische System erneu-
ern, an das die Kirche glaubte, und lehrte, die Sonne
und der Mond drehten sich um die Erde und die übrigen
Planeten um die Sonne. Er war der größte Astronom
seiner Zeit. Niemand beobachtete den Himmel so
genau wie er, er wollte das System des Kopernikus
widerlegen und hinterließ seine Daten Johannes Kepler,
in der Hoffnung, er werde seine, Brahes, Theorie
bestätigen, doch mit diesen Daten bewies Kepler, daß
Kopernikus recht hatte. Was Kopernikus selber nicht
zu beweisen vermochte, nicht einmal Galilei. Ich
wollte, was Brahe wollte: nur eine Reformation. Ich
begriff nicht, daß eine Reformation eines falschen Sy-
stems diesem nur hilft, sich durch die Zeiten weiterzu-
fretten. Der verfluchte Respekt vor der Obrigkeit, uns
vom Apostel Paulus eingebleut. Er wird uns von jenen
abverlangt, die die Macht in den Händen haben, vom
Staat, von der Partei und von der Kirche, die mit denen
paktiert, die an der Macht sind und jene tröstet, die
unterdrückt werden. Ich geh in Fouchés Villa und
verfette wie Luther in Wittenberg.

Beginnt wieder zu flöten.

Marx 1 tritt durch Türe 5 auf.

MARX 1 Ich bin Karl Marx, geboren am 5. Mai 1818 in Trier, gestorben am 14. März 1883 in London. Ich habe die Welt verändert. Ich bin Jude, der Enkel eines Rabbiners. Mein Vater wurde ein Christ, um der Verachtung und der Entwürdigung zu entgehen, und ich wurde Denker, um die Verachtung und die Entwürdigung abzuschaffen, die Menschen durch Menschen erleiden. In London, in der Britischen Bibliothek, durchspähte ich die Weltgeschichte und schrieb ›Das Kapital‹, gehetzt von der Drohung meines deutschen Verlegers, er lasse es von einem anderen schreiben. Ich vermochte nur den ersten Band fertig zu schreiben. Den zweiten und dritten Band schrieb mein Freund Engels, ohne den ich verhungert wäre. Die Religionen hassend, stiftete ich eine neue Religion, wie Jahwe sein Volk auserwählte, wählte ich das Proletariat aus, und wie Moses dem auserwählten Volk das Gesetz Jahwes übergab, übergab ich dem Proletariat das Gesetz der Weltgeschichte.

Marx 1 erblickt Hus.

MARX 1 Genosse.

Breitet die Arme aus.

HUS Genosse.
MARX 1 Umarmen wir uns.
HUS Kann nicht.

Marx 1 betrachtet Hus.

MARX 1 Du bist in Handschellen?

HUS Das ist unter uns Proletariern heut so Mode.

MARX 1 Kurios. Genosse Bonaparte.

HUS Genosse Marx?

MARX 1 Ein Gespenst geht um in Europa.

HUS Und wie.

MARX 1 Die Geschichte aller bisherigen Gesellschaften ist die Geschichte von Klassenkämpfen.

HUS Das wird uns gerade vordemonstriert.

Marx 1 betrachtet Jan Hus kritisch.

MARX 1 Du trägst einen sonderbaren Hut, Genosse Bonaparte.

HUS Auch Mode.

MARX 1 In parteitreuen Kreisen?

HUS In Arbeiterkreisen.

MARX 1 Dubios, Genosse Bonaparte. Und deine Kleidung?

HUS Unserer Wirtschaftslage entsprechend.

MARX 1 Allerdings bin ich in der letzten Zeit eminent kurzsichtig geworden, Genosse Bonaparte.

HUS Tut mir leid.

Marx 1 betrachtet Hus aufmerksam.

MARX 1 Du bist doch Genosse Bonaparte?

HUS Wer sonst, Genosse Marx.

MARX 1 Du verwilderst förmlich, Genosse Bonaparte. Und die Internationale hast du auch nicht geflötet.

HUS Bach. Sonate für Flöte solo a-moll.

MARX 1 Ich habe 1848 das ›Kommunistische Manifest‹

verfaßt, um die proletarische Bewegung in Gang zu setzen. Ich war der Meinung, daß sie die selbständige Bewegung der ungeheuren Mehrzahl im Interesse der Mehrzahl sei. Ich schrieb: »Die Bourgeoisie hat nicht nur die Waffen geschmiedet, die ihr den Tod bringen, sie hat auch die Männer erzeugt, die diese Waffen führen werden – die modernen Arbeiter, die Proletarier.« Im Glauben, der unaufhaltsame Ablauf der Geschichte gebäre aus sich heraus eine vernünftige Weltordnung, schmiedete ich die Waffen für eine ungeheure Minderzahl und ermöglichte ihr, über eine ungeheure Mehrzahl zu herrschen.

Legt sich mit Hilfe Jan Hus' ins Bett, Napoleon deckt ihn mit dem Krönungsmantel zu.

HUS Es wäre schön, wenn ich jetzt wieder in das Eremitenkirchlein zurückkehren könnte, Ecke Eugen-Moser-Straße/Pfitznergasse, zu meinen fünfzehn Weiblein. Ich würde ihnen die Bergpredigt verkündigen, die, würde man sie befolgen, eine Revolution auslösen würde, der keine Kirche und keine Partei und kein System gewachsen wären, und die Weiblein würden dabei stricken und einschlafen.

Hus geht langsam flötend durch Türe 10 hinaus.

Gleichzeitig kommt Marx 11 durch Türe 7.

NAPOLEON Da kommt ja noch ein Generalsekretär.

Marx 11 breitet die Arme aus.

MARX II Genosse!

NAPOLEON Genosse!

MARX II Umarmen wir uns. Küssen wir uns.

NAPOLEON Küssen wir uns. Umarmen wir uns.

Von rechts kommt Hus, nimmt sein Köfferchen, verschwindet wieder.

MARX II War das nicht Hus?

NAPOLEON Ließ ihn eben verhaften.

MARX II Er flötete.

NAPOLEON Bach. Sonate a-moll.

MARX II Seine Komplizin Jeanne d'Arc ließ ich verhaften.

NAPOLEON Klug von dir.

MARX II Sie soll eine Heilige –

NAPOLEON Der Papst ist unberechenbar.

MARX II Wir verstehen uns immer besser mit ihm. Aber was sie mit dem uralten Robespierre im Bett trieb –

NAPOLEON Ein schöner Tod.

MARX II Schockiert ist nur der Damenschneider.

Boxt Napoleon freundschaftlich.

MARX II Schlau von dir, das Kriegsrecht auszurufen.

NAPOLEON Der einzige Ausweg.

MARX II Du willst vermeiden, daß ich einmarschiere, he?

NAPOLEON Ich will vermeiden, daß durch ein falsches Vorgehen unserer gemeinsamen Sache geschadet wird.

MARX II Du bist zu klug, die Dummheiten des guten Hus mitzumachen, und ich bin zu klug, um einzumarschieren.

MARX I Hus hat recht!

Sinkt wieder in seinen Schlaf zurück.

MARX II Wenn schon.

Lacht.

MARX II Ob Hus recht hat oder nicht, ist ebenso gleichgültig wie die Frage, ob die Dissidenten recht haben
oder nicht. Es geht um den Kampf der beiden Welt-
mächte, und das in einer Umwälzung der Weltwirtschaft durch eine Technologie, welche die Diktatur des
Proletariats durch Abschaffung des Proletariats erledigt. Es wird einfach nicht mehr gebraucht. Auch bei
uns bald nicht mehr. Die Genossen werden staunen.
Unermeßliche Straßenputzerheere für Straßen, die
nicht vorhanden sind, werden unsere Steppen durchziehen. Sinnlos! Zwecklos! Mein Gott! Mein Gott! Meine
Pillen für mein Kurzzeitgedächtnis. Wo hab ich meine
Pillen? Ich muß auf mein Kurzzeitgedächtnis aufpas-
sen.

Holt Büchners Stuhl, setzt sich.

Büchner schreit auf.

BÜCHNER Wenn man mir den Stuhl nimmt, wird der erste
Akt nie fertig!

Marx I erwacht.

MARX I Das sozialistische Wirtschaftssystem rentiert nur,
wenn das kapitalistische blüht, und das kapitalistische

Wirtschaftssystem blüht nur, wenn es aufrüstet, und aufrüsten kann es nur, wenn es behauptet, das sozialistische Wirtschaftssystem hätte einen Aufrüstungsvorsprung, und das sozialistische Wirtschaftssystem muß aufrüsten, um mit dem kapitalistischen Aufrüstungsvorsprung Schritt zu halten, und hat das kapitalistische Wirtschaftssystem einen Aufrüstungsvorsprung, so kann es das sozialistische Wirtschaftssystem nicht angreifen, weil das kapitalistische dann nicht mehr blüht, und hätte das sozialistische Wirtschaftssystem einmal einen Aufrüstungsvorsprung, so könnte es das kapitalistische Wirtschaftssystem nicht angreifen, weil das sozialistische dann pleite wär.

Nimmt auf dem Bett eine Denkerpose an.

MARX II Diesen Text hat Büchner für mich geschrieben.
NAPOLEON Er schnurrte ihn perfekt herunter.
MARX II Man sagt, du seist einmal Außenminister gewesen.
NAPOLEON Einmal.
MARX II Was ich einmal gewesen bin, hab ich vergessen.
NAPOLEON Jetzt bist du Generalsekretär.
MARX II Welcher?
NAPOLEON Spielt keine Rolle.
MARX II Ich muß nachdenken.

Nimmt beim Skelett eine Denkerpose ein.

Jeanne kommt durch Türe 1, in der offenen Zwangsjacke, Zigarette im Mund.

Cambronne kommt durch Türe 10.

CAMBRONNE Du bist Jeanne?

JEANNE Ich bin Jeanne.

CAMBRONNE Du hast die Heilige Katharina, die Heilige Margherita und den Erzengel Michael gesehen?

JEANNE Ich habe sie gesehen, und sie haben mit mir gesprochen.

CAMBRONNE Ich hab mein berühmtes Wort vergessen. Einmal hatte ich es wieder. Ganz plötzlich. Wie eine Erleuchtung. Aber jetzt hab ich es wieder vergessen. Du bist eine Heilige. Kannst du es mir sagen?

JEANNE Ich kann dir nicht helfen. Du muß warten, bis die Heiligen dir helfen.

CAMBRONNE Dann kann niemand mir helfen. Und nicht einmal ordentlich vorgestellt hat man mich. Aber jetzt hab ich nicht nur mein berühmtes Wort vergessen, ich hab auch vergessen, wer ich bin, und nicht nur, wer ich bin, auch wer ich war. Ich bin niemand mehr.

Geht traurig ab durch 1.

JEANNE Napoleon Bonaparte.

NAPOLEON Was willst du?

JEANNE Mein Vater ist erschossen worden.

NAPOLEON Er hat Fouché hingerichtet.

JEANNE Auf deinen Befehl.

NAPOLEON Ich hab dir das Du nicht angeboten.

JEANNE Verräter duzt man.

NAPOLEON Gib mir deine Zigarette.

Sie tauschen, durch die langen Ärmel ihrer Zwangsjacken
behindert, mühsam die Zigarette.

JEANNE Eine englische.
NAPOLEON Großzügig.
JEANNE Die beiden?

Weist mit dem Kopf auf Marx I und Marx II.

NAPOLEON Sie haben dich verhaftet.
JEANNE Molotow hat mich verhaftet.
NAPOLEON In ihrem Namen.
JEANNE Leben sie noch?
NAPOLEON Es sind Monumente.
JEANNE Darf man sie anrühren?
NAPOLEON Denke schon.
JEANNE Lieber nicht.
NAPOLEON Besser nicht.

Marx II erhebt sich.

MARX II Ich brauche den neuen Menschen, der ehrlich ist,
fleißig, nüchtern und noch edleres. Ein neues Programm ist nötig. Die Arbeit, die mich erwartet, ist
übermenschlich.

Geht zu Büchner, dann nach vorn.

MARX II Mein Aufstieg in einer Zeit, in der sich mein
Vaterland zerfleischte und zerfleischt wurde, verlief
unblutig. Er bestand darin, daß ich Programmen zuhörte und Berichte schrieb über die Programme, denen

ich zugehört hatte, und wenn es mir nachträglich scheint, daß es immer dieselben Programme waren, die ich gehört und daß die Berichte über die Programme, die ich schrieb, immer dieselben waren, wenn auch die Namen derer, die die Programme gemacht hatten, durch andere Namen ersetzt werden mußten, so waren doch diese Programme und diese Berichte über diese Programme die Wegsteine meines Aufstiegs, und auch die Wegsteine sahen immer gleich aus, wenn auch mit anderen Namen versehen, und jedesmal nach tausend gleichen Programmen, die ich gehört und berichtet hatte, entwarf ich ein Programm, und je näher ich mich dem Gipfel zuhörte, zurichtete und zuprogrammierte, den ich jetzt erreicht habe, der Spitze der Parteihierarchie, desto gewaltiger schwollen die Programme an, aber immer noch muß ich dasitzen und den Programmen zuhören und keine Miene verziehen, denselben Programmen, und dieselben Programme machen, stundenlang, und neue Programme entwerfen, die neue Programme gebären, ein Programm um das andere, die alle nicht gehen, weil kein Programm geht.

Er setzt sich auf den Rasierstuhl, wird uralt.

MARX II Nur Berichte muß ich nicht mehr schreiben, warum all meine Programme nicht gehen. Die werden bald über mich geschrieben, weil ich alt geworden bin und bald sterben werde, und Männer, die fast so alt sind wie ich, werden meinen Sarg vor die Mauern tragen und mich unter meinen Programmen und unter all meinen Programmen von Programmen begraben.

Geht langsam nach hinten.

NAPOLEON Genosse Marx, darf ich um meinen Revolver bitten?
MARX II Deinen Revolver?
NAPOLEON Den du mir abgenommen hast.
MARX II Hier hast du ihn wieder.

Zieht den Revolver.

NAPOLEON Scharf geladen?
MARX II Scharf geladen.
NAPOLEON Professor Jung, Sie haben Ihre Rolle hervorragend gespielt.
MARX II Die Rollentherapie hat ihren ersten therapeutischen Erfolg zu melden. Mein Kurzzeitgedächtnis ist wieder intakt. Geheilt vom Wahn, Carl Gustav Jung zu sein, weiß ich wieder, wer ich bin: Ich bin der Sinn hoch drei des Menschen, der Computer, der den Übercomputer ablöst, der den Computer ersetzt, der den Menschen überflüssig macht. Ich bin die Prothese der Prothesen der Prothesen, das Weltgebiß. Das Weltprogramm ist abgespult. Ich muß neu gefüttert werden.

Marx II stürzt durch Türe 7 ab.

Marx I erhebt sich.

MARX I Die Weltrevolution fand nur in meinem Kopfe statt. Weil ich nur die Auswirkungen des Menschen durchschaute und nicht den Menschen, wurde ich statt des Philosophen der Unterdrückten der Philosoph

neuer Unterdrücker, denn auch die Unterdrücker von
Unterdrückern brauchen eine Begründung, die von den
Unterdrückern Unterdrückten aufs neue zu unterdrükken. So hat denn auch in meinem Namen die aus dem
Untergang der bürgerlichen Gesellschaft hervorgegan-
gene volksdemokratische Gesellschaft die Klassenge-
gensätze nicht aufgehoben. Sie hat nur neue Klassen,
neue Bedingungen der Unterdrückung, neue Gestal-
tungen des Kampfes an die Stelle der alten gesetzt. Im
Schlamm der menschlichen Trägheit dreht sich das Rad
der Geschichte sinnlos um seine Nabe weiter. Das
Gesetz der Weltgeschichte erwies sich als irr und damit,
weil minus mal minus plus wird, erweist sich der irre
Mensch, dem von Katastrophe zu Katastrophe kopflos
taumelnden Weltgeist nachrennend, als normal, so daß,
mein Unterbewußtsein ins Bewußtsein hinaufschie-
ßend und dieses, indem es ins Unterbewußtsein hinun-
tersaust, im Vorbeizischen mit dem hinaufschnellenden
Unterbewußtsein verschmelzend, beide den Penisneid
und den Ödipuskomplex samt Sigmund Freud und
seinen Doppelgänger in die Leere des Wahns katapultie-
ren, und die Kollektionen des Damenschneiders Coco
samt seiner Doppelgängerin Coco Chanel treiben im
Todestrieb bachab, aus welchem auftauchend mir mit
überirdischer Lichtgeschwindigkeit klipphaft klar
wird, wer meine Libido bestimmt: der Urtrieb des von
der Zivilisation und ihrer Neurosen, Psychosen und
Schizophrenien noch unbeleckten Neandertalers, geboren im Neandertal bei Düsseldorf, und noch weiter
zurück, jener des Prokonsuls, des Menschenaffen, der
sich im Bruchteil einer welthistorischen Sternsekunde,
fliehendes Kinn über breitem Maul, entschloß, kurzer-

hand ein Affenmensch zu werden. Als Sigmund Freuds Doppelgänger war ich geblendet wie Ödipus, und nun fällt es mir wie Schuppen von den Augen, die ich mir selber durch meine fixen Ideen ausgebohrt habe: Ich bin das Unterbewußtsein des Unterbewußtseins des Menschen, in mir schlummern wie der Embryo im Pottwal die Kunstwerke der Menschheit samt ihrer Schöpfer: die Cheopspyramide, die Akropolis, Mona Lisa, die Skyline Manhattans, aber auch Homer, Shakespeare, Karl Marx, die Callas und Einstein, ja selbst der Spanferkelkettenerbe, der mich zu dichten versucht. Ich bin der Prokonsul und eile, den Urschrei ausstoßend, zu meiner Urhorde, die Menschheit zu gründen.

Rennt durch 7 Marx II nach.

NAPOLEON Die Monumente lösen sich ins Nichts auf.
JEANNE Zwei Phantome.
NAPOLEON Wir sind alle Phantome. Molotow ließ dich verhaften, und du bist hier.
JEANNE Sie ließen mich wieder frei.
NAPOLEON Unter einer Bedingung?

Sie schweigt, kniet rechts im Vordergrund nieder.

NAPOLEON Nimm den Revolver.

Kniet links nieder, schiebt ihr den Revolver zu.

NAPOLEON Ich warte.

Jeanne starrt ihn an.

NAPOLEON Er ist entsichert.

Jeanne starrt ihn an.

NAPOLEON Schweigt der Himmel?

Jeanne starrt ihn an.

NAPOLEON Keine Antwort von oben?

Jeanne starrt ihn an.

NAPOLEON Lassen die Heilige Katharina, die Heilige Margherita und der Erzengel Michael auch dich im Stich?

Sie schiebt ihm den Revolver zu.

JEANNE Laß mich abführen.
NAPOLEON Du duzt mich immer noch.
JEANNE Mach schnell.
NAPOLEON Womit?
JEANNE Mit Erschießen.
NAPOLEON Wozu?
JEANNE Gib mir einen Cognac.

Büchner bringt Jeanne eine Cognacflasche.

Sie trinkt mühsam aus der Flasche.

JEANNE Jetzt warte ich.

Stille.

JEANNE Noch immer.

Stille.

JEANNE Ich hab Zeit.
NAPOLEON Ich kann mir deinen Tod nicht leisten. Ich brauche deine Hilfe. Ich brauche Informationen.

Schiebt ihr den Revolver zu.

JEANNE Du willst kämpfen?
NAPOLEON Ich will den Krieg vermeiden.

Jeanne ist enttäuscht.

JEANNE Wenn ich dich nur töten könnte.
NAPOLEON Wär dir ein Krieg lieber?
JEANNE Du hast in Marengo gesiegt, in Jena, am Wagram, in Austerlitz.
NAPOLEON Der Himmel öffnete sich in seinem Glanz und redete dir ein, mich an meine Siege zu erinnern? Ein obszöner Himmel. Schämst du dich nicht? Warum bist du so jämmerlich ins Heldische mißraten?
JEANNE Ich will mehr sein als meine Mutter.
NAPOLEON Mehr sein als deine Mutter! Meinst du, die Soldaten waren glücklich in Marengo, in Jena, in Wagram, in Austerlitz? Sie waren nur zwischen den heißen Schenkeln deiner Mutter glücklich. Meine Siege waren nichts als Kotze, Blut und Dreck. Heute? Ich bin das kleinere Übel, das die große Pose verhindert: den Heldenkampf eines Volkes mit Millionen von Toten.

Napoleon und Jeanne springen auf, schließen die Türen, er
von links, sie von rechts, treffen sich in Türe 7, die sie
gemeinsam schließen.

NAPOLEON Ich ging gern zu den Catchern. Jeder Schlag,
   jede Finte ist abgesprochen. Ein Catcher spielt die
   Wirkung. Erhält er einen Schlag, überschlägt er sich,
   nicht weil er einen Schlag bekommt, sondern weil er das
   Sich-Überschlagen spielt. Urtheater. Das Wichtigste ist
   nicht der Held, sondern der Verräter. Das Publikum
   pfeift, wenn er kommt. Er beschimpft die Zuschauer,
   klettert aus dem Ring, greift von hinten an. Unfairneß
   wirkt immer glaubwürdig; sie mag noch so übertrieben
   sein. Das Publikum tobt vor Wut. So geht es auch in der
   Politik zu. Nur sind die Schläge echt. Die Wirkung
   braucht man nicht zu spielen, aber die Rolle. Jemand
   muß den Verräter spielen, und ich spiel ihn.

Jeanne hat sich längst wieder nach vorne rechts in ihre
lauernde Kauerstellung begeben.

NAPOLEON Du trinkst nicht.

Legt sich auf den Boden, den Kopf in ihren Schoß.

JEANNE Ich trinke.

Trinkt, läßt Cognac in seinen Mund laufen.

NAPOLEON Judith machte Holofernes auch besoffen. Judith und Holofernes, eine Frau, die sinnvoll töten und
   ein Mann, der sinnvoll getötet werden konnte. Als

Judith Holofernes getötet hat, ist ihr Land frei geworden. Tötest du mich, wird der Unsinn unserer Unfreiheit nur noch unsinniger.

Jeanne steht auf, schreit.

JEANNE Ich bin nicht Judith.

Napoleon zieht sie brutal zu sich herunter.

NAPOLEON Ich bin Holofernes! Ich bin immer Holofernes gewesen. Nie war ich ein Professor, nie Außenminister, nie Napoleon. Ich bin immer Holofernes gewesen.

Zieht sie in die Mitte des Vordergrundes.

NAPOLEON Das hast du immer gewußt, so wie ich immer
gewußt habe, daß du nicht Jeanne bist, daß du Judith
bist, Judith.
JEANNE Ja, ich bin Judith!
NAPOLEON Wenn du Judith bist und ich Holofernes,
müssen wir auch wie Judith und Holofernes handeln.

Kriechen, sich belauernd, auseinander.

Büchner tritt zwischen sie.

BÜCHNER Es treten uns zwei sich gegenüberstehende
Grundansichten entgegen. Die erste betrachtet alle
Erscheinungen des organischen Lebens vom teleologi-
schen Standpunkt aus, sie findet die Lösung des Rätsels
im Zweck, der Mensch hat Hände, um zu morden.

Doch handelt die Natur nicht nach Zwecken, sie reibt sich nicht in einer unendlichen Reihe von Zwecken auf, von denen der eine den anderen bedingt, sondern sie ist in allen ihren Äußerungen sich selbst genug. Alles was ist, ist um seiner selbst willen da. Das Gesetz dieses Seins zu suchen ist das Ziel der philosophischen Grundansicht. Der Mensch mordet, weil er Hände hat. Was als Zweck erscheint, ist Wirkung. Mich interessiert nicht der Zweck der menschlichen Unternehmungen, sondern deren Ursachen, die den Menschen zwingen zu müssen. Wir nennen den Menschen frei oder unfrei, gerecht oder ungerecht, tugend-, laster- oder gar verbrecherhaft, aber all diese Eigenschaften sind Bewertungen, die der Consensus der menschlichen Gesellschaft über den Menschen wie ein Netz wirft, worin sich der Mensch verfängt. Doch die Bewertung macht nicht den Menschen aus, der Mensch bewertet. Forscht man nach den Ursachen, warum sich der Mensch entweder freiwillig oder gezwungen in das Gefängnis seiner Werte sperrt, die er sich selber schafft, so stoßen wir abermals auf die menschliche Natur, auf einen Abgrund verborgen unter einem Genist leerer Begriffe. Darum versuchte ich ›Achterloo‹ zu schreiben, die komische Tragödie eines Aufstands, der unterblieb, weil durch Verrat ein Krieg vermieden werden mußte, der die Menschheit zugrunde gerichtet hätte, um einen Frieden zu retten, an dem die Menschheit zugrunde geht, eingewebt in Ursachen, die zufällig zu Wirkungen wurden, die sich wiederum zu Ursachen neuer zufälliger Wirkungen verwandelten, ein Teppich, der hinabreicht bis zu dem nur mit Hypothesen ahnbaren Beginn des Alls, mündend in der Unendlichkeit des Nichts, und darum habe ich, um die Konstellation nachzubilden, die das Geschehen am 12. und 13. Dezember 1981 hervorbrachte, Muster aus ganz anderen Zeiten genommen, weil jedes Muster des unendlichen Teppichs anderen Mustern gleicht. Doch redeten die Muster, was sie mußten, nicht was ich glaubte, daß sie reden müßten, und nun rutscht gar die Handlung wie die Laufmasche eines billigen Strumpfes in die Zeit fast sechshundert Jahre vor Christi Geburt, hinunter zu Judith und Holofernes. Ich werde von nun an nichts mehr schreiben.

Büchner ab durch Türe 5.

NAPOLEON Ich bin Holofernes.

JEANNE Ich bin Judith.

NAPOLEON Ich bin der Gewaltigste der Gewaltigen des Königs von Ninive und Babylon, Nebukadnezar, der Gras aß wie Ochsen und dessen Leib unter dem Tau des Himmels lag, bis sein Haar wuchs so groß als Adlersfedern und seine Nägel wie Vogelsklauen wurden.

JEANNE Ich bin die Witwe Manasses, der auf den Feldern vor der Stadt Bethulia Gerste erntete und von der brennenden Sonne getötet wurde. Ich bin schön und reich und habe viel Gesindes und Höfe voll Ochsen und Schafe.

NAPOLEON Als der Wahnsinn von König Nebukadnezar gewichen war, ergrimmte er und sprach zu mir, dem Gewaltigsten seiner Gewaltigen: Zieh wider alle Reiche, die gegen Abend liegen, und zerstöre ihre Städte und Tempel, dann wirst du auch den Gott töten, der mich gedemütigt hat.

JEANNE Drei Jahre und sechs Monate trauerte ich um meinen Gatten.

NAPOLEON Ich rüstete das Volk zum Kriege, hundertund-
zwanzigtausend zu Fuß, zwanzigtausend Schützen zu
Pferde.

JEANNE Ich war bekleidet mit einem Sack und fastete
täglich.

NAPOLEON Ich zog meine Bahn stur wie die Gestirne am
Himmel wider die Reiche, die gegen den Abend liegen,
und ließ ihre Städte umstellen und die Belagerungs-
türme vor die Mauern rollen und die Häuser durch
Wurffackeln in Brand setzen, und es kamen alle um,
Männer, Weiber und Kinder, und wenn der Tempel mit
dem Gott verbrannte, den die Stadt anbetete, schoß eine
Stichflamme in den Himmel.

JEANNE Da betete ich zu Gott: Strafe Holofernes durch
sein eigen Schwert, laß ihn durch seine eigenen Augen
gefangen werden, wenn er mich ansieht, und durch
meine freundlichen Worte betrogen werden. Und als
ich ausgebetet hatte, legte ich den Sack ab, wusch mich
und salbte mich mit köstlichem Wasser, ließ mein Haar
über den Rücken fließen und zog nichts als ein weißes
Hemd an, das mir bis zu den Füßen reichte.

NAPOLEON Nun liegt mein Heer schon drei Wochen vor
der Stadt Bethulia.

JEANNE Ich kam zu ihm vor drei Wochen in der Hitze des
Mittags, um die Stadt zu retten.

*Sie wenden sich einander zu und beginnen einander die
Zwangsjacken auszuziehen.*

NAPOLEON Ich sah sie an. Sie war schöner als die Weiber
Nebukadnezars.

JEANNE Ich sah ihn an und ich vergaß meinen Mann, um

den ich getrauert, einen Sack getragen und gefastet hatte.

NAPOLEON Ich sagte ihr, daß sie gekommen sei, mich zu töten.

JEANNE Ich sagte ihm, daß ich gekommen sei, ihn zu töten.

NAPOLEON Dann trank ich mit ihr in der Hitze des Mittags.

JEANNE Dann schlief ich mit ihm in der Hitze des Mittags.

NAPOLEON Und als die Sonne sank, kehrte sie wieder nach Bethulia zurück.

JEANNE Am nächsten Tag ging ich wieder zu ihm und schlief wieder mit ihm und kehrte wieder nach Bethulia zurück, und wenn die Bethulier fragen, wann wirst du ihn töten, damit wir von ihm befreit werden, antworte ich: morgen.

NAPOLEON Und so schlafe ich denn mit ihr und begreife nicht mehr, warum ich dieses Weib in den Tod schicken und Bethulia verbrennen soll. Bethulia ist nicht wert, zerstört zu werden, aber Judith ist wert zu leben.

JEANNE Und so schlafe ich denn mit ihm und begreife nicht mehr, warum ich ihn töten und Bethulia retten soll. Bethulia ist nicht wert, gerettet zu werden, sein Gott und sein Gesetz haben mich gezwungen, drei Jahre und sechs Monate um einen Mann zu trauern, den ich nicht liebte, und haben mich zum Manne geschickt, den ich liebe, um ihn zu töten.

NAPOLEON Ich werde Judith noch einmal lieben, sie dann nach Bethulia zurückschicken und mit meinem Heer abziehen.

*Er wirft sie brutal von sich, sie ergreift den Revolver und
erschießt ihn von hinten.*

JEANNE Ich werde mit dem Kopf meines Geliebten nach
Bethulia zurückkehren, und dann werden in der Nacht
die Belagerungstürme angerollt kommen, Holofernes
zu rächen, und sie werden Bethulia in Brand setzen. Die
Männer, die Frauen und die Kinder werden im Feuer
umkommen, und stolz werd ich den Bogenschützen
entgegengehen, den Kopf meines Geliebten vor mir
hertragend, und wenn die große Stichflamme in den
Himmel schießt, werden die Pfeile sich in meinem Leib
vergraben.

*Durch Türe 1 kommt Frau von Zimsen, gekleidet wie zu
Beginn, setzt sich aufs Bettende.*

DIE ZIMSEN Ich bin der Liebe Gott. Geboren irgendwann
aus der Unendlichkeit und gestorben irgendwann in der
Unendlichkeit, und weil zwischen zwei Zeitpunkten
der Unendlichkeit unendlich viel Zeit liegt, so nahe sie
auch beieinander liegen, kann es sein, daß ich unendlich
lange nicht mehr bin und daß ich nur eine unendlich
kurze Zeitlang gewesen bin, eine Zeit, die trotzdem
länger war als jede Zeitspanne, denn jede Zeitspanne
läßt sich messen, und meine Zeit ist unmeßbar. Ich habe
eine endliche Welt erschaffen. Aus Gnade, weil eine
unendliche Welt die Hölle wäre, aus Barmherzigkeit,
weil in der Endlichkeit der Schrecken vergänglich ist,
so daß denn alles, was ich schuf, in dieser unendlich
kurzen Zeitspanne, in welcher der Gedanke an eine
Welt in mir aufblitzte und sich wieder verlor und, noch

eingebettet in meinen Gedanken, in der die Welt wurde, sich ausdehnte und verpuffte, nichts anderes gewesen war als Liebe, weil sie allein in der Endlichkeit möglich ist.

JEANNE Bin ich verrückt?

DIE ZIMSEN Ich war der Liebe Gott.

Licht aus.

Anhang

Nachwort zu Achterloo IV

1988

Achterloo IV sollte eigentlich *Achterloo* VII heißen, so viele Fassungen gibt es mindestens. *Achterloo* IV ist mein Abschied von der Bühne, vom Theater. Nicht daß ich diesem Medium keine Zukunft gebe. Theater wird immer gespielt werden. Aber es ist nicht mehr mein Medium. Ich versuchte über vierzig Jahre Welttheater zu schreiben. Ich nannte meine Stücke Komödien. Zum Andenken des Aristophanes, der seine Zeit in ein Welttheater umwandelte. Er setzte das Paradoxon gegen den Mythos. Er konnte in der mörderischen Gegenwart keinen Sinn mehr finden, es sei denn den Irrsinn, den er gestaltete. Die Tragödie rennt gegen die Welt an und zerschellt, die Komödie wird zurückgeworfen, fällt auf den Hintern und lacht. Vor mehr als dreißig Jahren war Brecht anderer Ansicht, obgleich die Welt nicht minder irrsinnig war als zur Zeit des Aristophanes. Auf die Frage, die ich 1955 bei einer Diskussion in Baden-Baden aufwarf, ob die heutige Welt durch Theater überhaupt noch dargestellt werden könne, antwortete er, nur wenn sie als veränderbar aufgefaßt werde. In einem Zeitalter, dessen Wissenschaft die Natur derart zu verändern wisse, daß die Welt schon nahezu bewohnbar erscheine, könne der Mensch dem Menschen nicht mehr lange als Opfer beschrieben werden, als Objekt einer unbekannten, aber fixierten Umwelt. Vom Standpunkt des Spielballs seien die Bewegungsgesetze kaum konzipierbar. Aber der Mensch ist entweder Opfer oder Täter, erst in einer idealen klassenlosen Gesellschaft wäre er nur Täter, besser, um in Brechts Gleichnis zu bleiben, nur Treter des Spielballs. Daß die Welt zu verändern sei, glaubte schon Platon, daß die Welt sich verändern müsse, wolle sie nicht untergehen, mahnte Kant, doch erst mit Hegel kam die unselige Idee auf, die Veränderung geschehe aufgrund einer die Welt formenden transzendenten Logik von These, Antithese, Synthese, bei Marx geschah die Veränderung immanent mit gleichem Schema durch den Klassenkampf. Indem dieser beschreibbar ist, wird er auch auf dem Theater darstellbar, und jedes Theaterstück kann marxistisch geeicht werden. Diese Theaterarbeit, die Brecht die wissenschaftliche nannte, prägt bis heute weitgehend die Regiearbeit, die auf den Bühnen geleistet wird, aber ist auch einer der Gründe, weshalb sich das Theater von der Wirklichkeit abkapselt. Es stellt nicht diese dar, sondern eine Ideologie über sie. Aus dem gleichen Grunde ist das heutige Theater in der Regel unfähig, Klassiker zu spielen, weil diese von einem Standpunkt aus beurteilt werden, der nicht der ihre war. Ob diese freilich die Standpunkte einnahmen, die ihnen zugeschrieben werden, ist ebenso fraglich. Das Problem der Werktreue stellt sich. Der Begriff ist nebelhaft. Die Klassiker müssen oft verschärft, aber dürfen nie verkleidet werden. Die politische Vorsicht hat immer in die deutsche Klassik eingegriffen. Hettore Gonzaga, Herzog von Guastalla, wird von Lessing in *Emilia Galotti*, indem er ›principe‹ (Herrscher, Fürst) mit ›Prinz‹ übersetzt, mit einem Titel versehen, dem im Deutschen stets etwas Märchenhaftes, Edles anhaftet, weshalb Gonzaga oft als der Verführte und Marinelli als der Verführer dargestellt wird, der ›Prinz‹ edel, jung, aber schwach, Marinelli heimtückisch, bösartig, als wäre der

Schlußsatz Gonzagas »Gott! Gott! – Ist es, zum Unglücke
so mancher, nicht genug, daß Fürsten Menschen sind:
müssen sich auch noch Teufel in ihren Freund verstellen«
der Sinn des Stückes, als wäre es die Tragödie der Fürsten,
daß sie keine Götter sind. In Wirklichkeit ist dieses
Schlußwort Gonzagas, womit er Marinelli vom Hofe ver-
bannt, das zynischste Schlußwort, mit dem ein Stück je
endete: Marinelli ist nichts als der Funktionär, der um
seinen Posten kämpft; er vollzieht, was Gonzaga wünscht,
daß es geschehe, Gonzaga versichert, er habe es nicht
gewollt, und deutet an, was er sich jetzt wünsche und so
fort, um Marinelli am Schluß als den Schuldigen fallenzu-
lassen. Das Verhältnis Barschel/Pfeiffer. Nur mit umge-
kehrtem Ausgang: Pfeiffer ließ Barschel fallen, der Ange-
stellte den Vorgesetzten; Deutschlands Fahnen gingen auf
Halbmast. Auch Schiller verkleinerte. Franz von Moor ist
nicht Richard, Herzog von Gloster, nachmals Richard III.,
sondern der Sohn des regierenden Grafen Maximilian von
Moor. Dem Bruderzwist in der Grafschaft Moor vermö-
gen wir keine politische Bedeutung beizumessen, das ›in
tyrannos‹ verpufft, Franz ist ein böser Bruder, nicht ein
Tyrann, nicht einmal ein Herzog Karl Eugen von Württemberg. Verkleinerten die Klassiker innerhalb der Aristo-
kratie aus politischer Vorsicht, werden heute die Klassiker
aus gesellschaftskritischer Pflicht heraus – als ob es die
gäbe – ins Spießige verkleinert, ein dramaturgisch besonders sinnloses Unternehmen. So wurde in einer Aufführung des *Zerbrochenen Krugs* der Dorfrichter Adam tra-
gisch gesehen und der Gerichtsrat Walter als Vertreter
einer korrupten Regierung. Der Regisseur begründete
seine Entdeckung damit, der Umstand, daß der alte Jung-
geselle Adam, in die Kammer Eves mit erschwindelten

Vorwänden gekommen, seinen Wunsch, mit ihr ins Bett zu steigen, erst äußerte, nachdem er die Türe verriegelt, die Weste gelüftet, die Perücke über den Krug gestülpt, sich gesetzt und Eves Hände genommen und das Mädchen zwei »abgemessene Minuten« starr angesehen habe, beweise dessen außerordentliche Liebe, die ihn zum ersten Male im Leben überfallen habe. Dadurch verkleinerte der Regisseur die Handlung und zerstörte die Größe des Stücks. Eve stellt nur ein Objekt der Sinnlichkeit Adams dar, wie seine Würste und sein Edamerkäse, er steht in allem, was er ist, im Gegensatz zu dem, was er sein sollte. Er ist Falstaff als Richter; wird er als Liebender dargestellt, wird er verächtlich, aber auch der Gerichtsrat, verliert er doch seine ihm durch das Stück verliehene Würde. Er verliert die Möglichkeit, die Gerechtigkeit nicht derart ernst zu nehmen, wie Spießer und Tyrannen es tun: Seine Nachsicht wird ebenfalls eine Schurkerei. Bei Kleist ist es die Komik, die der Gerechtigkeit den Wind aus den Segeln nimmt. Der Gerichtsrat Walter vermutet, daß Adam den Krug zerbrochen hat, weiß es schließlich, aber gerade deswegen amüsiert ihn Adam, erfaßt er das Komische der Situation, wird er nicht allzu streng, was doch seines Amtes wäre. Im Verhältnis Walter/Adam spiegelt sich das Verhältnis Gottes zum Menschen anders als in der Tragödie wider: Im *Ödipus* wird ein unbewußt Schuldiger von einem unbarmherzigen Gott gezwungen, sein eigener Richter zu sein, im *Zerbrochenen Krug* ein bewußt Schuldiger von einem humorvollen Gott. Der Unterschied ist nur eine Nuance, aber welche Nuance! Dann setzt die Komödie Eves ein. Sie wurde von Kleist gestrichen, in Salzburg gespielt, aber nicht begriffen, sondern gesellschaftskritisch tierisch ernst dargeboten. Was Kleist aus bühnentaktischer Überlegung mit Recht strich, ist zwar ein psychologisches Meisterstück, aber überflüssig: Eve, die Adam glaubt, Ruprecht, ihr Verlobter, müsse nach Batavia, und von Ruprecht verlangt, er müsse bedingungslos an ihre Unschuld glauben, obgleich doch viel dagegen spricht, glaubt dem Gerichtsrat nicht, daß der angebliche Brief, der Ruprecht nach Batavia beordert und den ihr der Dorfrichter vorgelesen hat, eine Fälschung sei: Nur ihr ist absolut zu glauben. Der Gerichtsrat holt das Mädchen von seiner Verstiegenheit herunter. Er kennt die Bauern. Er schenkt Eve zwanzig Gulden, damit sie Ruprecht freikaufe, wenn er nach Batavia müsse, freilich unter der Bedingung, daß Eve dem Gerichtsrat die Summe und vier Prozent Zinsen »wie billig« zurückzahle, wenn ihr Verlobter nicht nach Batavia müsse: Auf dieses Angebot hin glaubt Eve dem Gerichtsrat auf der Stelle, daß Ruprecht im Lande bleibe, und weist die zwanzig Gulden zurück. Das Risiko, vier Prozent Zinsen zahlen zu müssen, besiegt ihren Unglauben, und der überraschende Ausspruch des Gerichtsrats: »Hör, jetzt geb ich dir einen Kuß. Darf ich?« ist der befreite Ausdruck darüber, daß Eve wieder das geworden ist, was sie ist, ein einfaches Bauernmädchen, keine Jeanne d'Arc. In Salzburg bedeutete der Kuß des Gerichtsrats, daß er noch schlimmer sei als Adam; liebte dieser, war der Gerichtsrat Walter geil. Der Regisseur, indem er wieder einmal gesellschaftskritisch sein wollte, spielte das Stück Stockwerke tiefer. Brecht ist vor mehr als dreißig Jahren gestorben und von Hellmuth Karasek nachträglich für tot erklärt worden. Brecht hat ihn überlebt. Eine reaktionäre Linke, die es nur noch im Theater gibt, inszeniert weiterhin gegen eine reaktionäre Rechte, die nicht ins Theater geht, zur Beruhigung des Publikums ein

Schattenboxen. Getroffen wird niemand, nicht einmal be-
troffen. Nur in Österreich ist es anders: Es ist unter Bern-
hards Zorn geraten wie Ägypten unter jenen Jahwes. Die
Zeit der Peymanns ist gekommen, jede Maus zeigt ihre
Pranke. Zum Glück brauchen die Zuschauer dank des zu
verkaufenden Programmbuches nicht zu erraten, welches
Stück der Regisseur inszeniert hat, sie können darin auch
lesen, was der Regisseur vorgibt, bei seiner Inszenierung
gedacht zu haben, und sogar was ein Dramaturg dachte,
was der Regisseur auch noch gedacht haben könnte, und
endlich kann er auch noch lesen, was der Autor hätte
denken müssen, als er das Stück schrieb, statt Karl Marx zu
lesen, weshalb der Regisseur das Stück nicht so hätte inszenieren können, wie es der Autor geschrieben habe, sondern so, wie es der Autor hätte schreiben müssen, wenn er
Karl Marx gelesen hätte – der Grund, weshalb so viele
Regisseure aus der DDR stammen: Sie können hier so tun,
als hätten sie Karl Marx gelesen, weil sie sicher sind, daß in
der BRD niemand Karl Marx gelesen hat, was zwar in der
DDR auch der Fall ist, wo aber eine offizielle Meinung
darüber herrscht, was Karl Marx geschrieben hätte, würde
ihn jemand lesen. Daneben macht sich eine weitere Ten-
denz bemerkbar: die Nostalgie. Čechov, Schnitzler, die
Autoren einer Gesellschaft, die es nicht mehr gibt, beherrschen die Bühnen einer Gesellschaft, welche die Dritte
Welt durchjettet und gern so sein möchte wie jene, die es,
sich in den Ersten Weltkrieg hineinlangweilend, nicht
mehr gibt; doch gelingt es jener Gesellschaft, die es gibt,
nicht einmal dekadent zu sein, sie hat keine Zeit und kein
Dienstpersonal dazu. So bleibt die Frage nach der Möglichkeit, unsere Welt auf dem Theater darzustellen, offen.
Schade, daß ich nur vermuten kann, warum ich damals in

Baden-Baden 1955 diese Frage aufwarf, aber »während der Diskussion, die auf der Bühne stattfand, war ich verwundert, daß der Theatersaal sich immerzu drehte und nur manchmal stehenblieb, die Decke unten, die Zuschauer oben, so daß ich befürchtete, die Leute könnten nach unten auf die Decke prasseln. Ich hörte meine Gesprächspartner nur undeutlich, verschwommen, irgendwo … sicher fand ich die Welt nicht darstellbar durch Theater, obgleich ich nicht mehr weiß warum, aber das sind nur nachträgliche Schlüsse auf mein wahrscheinliches Verhalten damals.« Mit Masern sollte man nicht auf der Bühne stehen. Ist mir die Antwort auf meine Frage entschwunden, ist die Antwort Brechts auf sie absurd geworden: Die Wissenschaft hat die Natur derart zu verändern gewußt, daß die Welt nahezu unbewohnbar zu werden droht. Der Mensch ist zum Spielball seiner selbst geworden. Dem Debakel des Sozialismus steht der Pyrrhus-Sieg des Kapitalismus gegenüber, und die Dritte Welt plündern alle aus. Kopflosigkeit breitet sich aus. Der Klassenkampf wird zur Utopie erklärt, und gleichzeitig wird bedauert, daß es keine Utopien mehr gibt. Die Sorge um das private Seelenheil, um die Problematik der Ehe, ja um den neu entbrannten Kampf der Geschlechter, teils gegeneinander, teils untereinander, teils durcheinander, all diese wilden Wohlstandsansichten einer von Aids geschockten und die Seuche schon wieder verdrängenden Gesellschaft sind angesichts einer Welt bedeutungslos, in der für die meisten Menschen das Jenseits der einzige Trost für die Hölle des Diesseits darstellt und die Frau nur eine Gebärmaschine ist. Die Wurstigkeit der Zukunft gegenüber, es werde ohnehin nicht so schlimm kommen, und wenn es so schlimm komme, sei es ohnehin egal, ist zu groß. Diesem

Tatbestand gegenüber befindet sich der Dramatiker in einer paradoxen Situation. Innerhalb der Kultur hat sich das Schwergewicht verlagert. War dieses ein religiös-philosophisch-literarisches gewesen, nimmt nun ein naturwissenschaftlich-mathematisches dessen Stelle ein. Dieser Sachverhalt wird damit vertuscht, daß von zwei Kulturen gesprochen wird, von einer Geisteskultur und von einer exakten naturwissenschaftlichen. Exaktheit auch von den Geisteswissenschaften zu fordern ist unkollegial, allzu viele Dramaturgen und Theaterkritiker treiben sich in ihnen herum, ungeschützt vor der eigenen Subjektivität und vor dem Sandsturm konventioneller Werte. Auf ihrem Terrain liegt das Theater, abgesackt in die bedeutungslosen Niederungen der Regiekultur, wo man noch an Wotan glaubt. Nicht umsonst wünscht jeder Regisseur, einmal den ›Ring‹ zu inszenieren: In ihm sieht sich Deutschland immer noch als Großdeutschland widergespiegelt. Wagnerianer sind sie alle. Seine Zauber binden wieder, was die Mode streng geteilt. Rechte und Linke, Germane und Jude. In ihrer Wagnerverehrung haben die deutschen Intellektuellen Hitler nicht überwunden, ja nicht einmal verdrängt. Sie nehmen ihn nur nie zur Kenntnis. Hitler passiert ihnen, wie einem in der Begeisterung ein Malheur passiert, das jedem passieren kann, und der Zusammenbruch wurde sogleich zur Götterdämmerung umstilisiert, fast Gotter war man ja ohnehin gewesen, und schon inszeniert Everding den ›Ring‹ in Polen. Hagen stößt überall zu. Von hinten. Auf Wagner paßt, was sich auf die Kunst reimt: der Dunst der Irrationalität und die Brunst, die Erotik des Literaten. Begreiflicherweise. Ist der Verstand kalt, ist die Ästhetik leer wie Emil Staigers Formel für den dramatischen Stil: Spannung. Wer hechtet da nicht zur erstbesten Dulcinea oder erklärt wie Brahms, wenn er den Puff aufsuchte, er gehe in den Richard-Wagner-Verein. Doch die beiden Kulturen sind nicht ohne weiteres miteinander vereinbar, wie es Theologen und Nobelpreisträger wünschen. Das Weltbild der exakten Naturwissenschaften schikaniert die Theologie und die Philosophie und allmählich auch die Psychologie, insofern die Tiefenpsychologie zu den Geisteswissenschaften zählt. Die exakte Naturwissenschaft dringt auch ins menschliche Hirn vor, in ein unvorstellbar kompliziertes organisches Gebilde, das fähig ist, die Welt in Gefühle, Bilder und Gedanken zu verwandeln, die Wirklichkeit zu interpretieren. Die Evolution, die den Menschen hervorbrachte, setzt sich in seinem Denken fort. Der Mensch wurde ein Tier, das denkt: seine Tragik. Für die Evolution ist das Denken die Sackgasse, in der sie sich verläuft, ein zufälliges Nebenprodukt, das die Evolution mit psychischen Mitteln fortsetzt, unendlich viel schneller, als das der physischen Evolution möglich war: Die Evolution der Säugetiere ist gleichsam mit dem Menschen abgeschlossen, sie findet vielleicht nur noch bei den Viren statt. Drei Millionen Jahre brauchte die Evolution, um den Menschen aus dem Tier herauszuformen und die Voraussetzungen seines Denkens zu schaffen, in den letzten fünftausend Jahren entwickelte es sich, nahm an Geschwindigkeit zu, wurde rasant, explodierte, bis es die Wirklichkeit gleichsam zerfetzte: Stellt sich der Makrokosmos als unheimliches, aus einer Urexplosion entstandenes und auseinanderjagendes Raum-Zeit-Kontinuum dar, weigert sich der Mikrokosmos grundsätzlich, ein Bild zu liefern. Die atomare Welt ist unscharf, nicht mehr beschreibbar. So das Ganze. Unsere Welt ist mit Worten nur noch im Gleichnis

darzustellen. Es ist ebenso notwendigerweise mehrdeutig,
wie die Aussagen der Physik notgedrungen unscharf sind.
Aber auch die Welt unseres Handelns. Wir sind in einen
Teppich gewoben, den wir nicht mehr überblicken. Als ich
1921 geboren wurde, betrug die Erdbevölkerung noch
nicht zwei Milliarden, jetzt hat sie fünf Milliarden über-
schritten: Sie explodiert wie das Weltall. Was soll ich mit
Wotan?

In einer der schönsten Geschichten Jorge Luis Borges'*
versucht der große arabische Philosoph Averroes herauszufinden, was die Wörter Tragödie und Komödie bedeuten könnten: »Er sagte sich (ohne allzu große Zuversicht),
daß das, was wir suchen, meistens ganz nahe ist ... Er warf
einen Blick durch die Gitter des Balkons; drunten, auf
dem schmalen ungepflasterten Hof, spielten ein paar halb-
nackte Bürschchen. Der eine, auf den Schultern des anderen stehend, machte offensichtlich den Muezzin nach; mit
festgeschlossenen Augen psalmodierte er: ›Es ist kein anderer Gott außer Gott.‹ Der andere, der ihn bewegungslos
im Gleichgewicht hielt, spielte das Minarett; ein dritter,
der demutsvoll im Staub kauerte, stellte die Gemeinde der
Gläubigen dar. Das Spiel währte nur kurz; alle wollten der
Muezzin sein, keiner die Gemeinde oder der Turm.« Averroes begreift den Sinn der beiden Geheimwörter immer
noch nicht. Später im Hause des Koranlehrers Farach hört
Averroes dem großen Reisenden Abulcásim Al-Ashari zu,
wie er von China erzählt. »Abulcásim sagte: ›Eines
Abends führten mich die muselmanischen Kaufleute von

---

* *Averroes auf der Suche, Gesammelte Werke*, Bd. 3/II, Erzählungen 1949–1970,
Hanser, München 1981.

Sin Kalán (Kanton) zu einem Haus aus bemaltem Holz, in dem viele Menschen lebten. Wie dieses Haus beschaffen war, läßt sich nicht schildern, denn eigentlich bestand es nur aus einem einzigen Gemach, mit Reihen offener Kammern oder Balkone, einer über dem anderen. In diesen Vertiefungen saßen Leute, die aßen und tranken, und ebenso auf dem Boden und ebenso auf der Terrasse. Die Personen auf dieser Terrasse schlugen die Trommel und die Laute, ausgenommen etwa fünfzehn oder zwanzig Figuren (mit scharlachfarbenen Masken), die beteten, sangen und Zwiegespräche führten. Sie litten Gefangenschaft, aber ein Kerker war nicht zu sehen; sie ritten, aber das Pferd war nicht zu sehen; sie fochten, aber die Degen waren aus Rohr; sie starben und standen danach wieder auf‹ ... Niemand verstand, niemand schien verstehen zu wollen ... ›Sprachen diese Personen?‹ fragte Farach. ›Und ob‹, sagte Abulcásim, der sich unversehens bemüßigt fühlte, eine Darbietung in Schutz zu nehmen, an die er sich kaum noch erinnerte und die ihn damals erheblich gelangweilt hatte. ›Sie sprachen und sangen und deklamierten.‹ ›In diesem Falle‹, sagte Farach, ›waren keine zwanzig Personen vonnöten. Ein einziger Sprecher genügt, um was es auch sei zu erzählen, mag es auch noch so verwickelt sein.‹ Alle stimmten diesem Ausspruch zu. Man rühmte die Vorzüge des Arabischen, der Sprache, deren Gott sich zur Unterweisung der Engel bedient.« Immer noch versteht Averroes nicht, und in Gedanken vertieft geht er nach Hause. »Die Muezzin riefen zum Morgengebet, als Averroes wieder in seine Bibliothek trat. (Im Harem hatten die schwarzhaarigen Sklavinnen eine rothaarige gefoltert, aber das sollte er erst am Nachmittag erfahren.) Etwas hatte ihm den Sinn der beiden dunklen Worte offenbart.

Mit fester und sorgfältiger Schönschrift fügte er dem Manuskript die Zeilen hinzu: ›Aristú (Aristoteles) bezeichnet als Tragödien die Panegyriken (Lobgesänge) und als Komödien die Satiren und Anathemata (Verfluchungen). Herrliche Tragödien und Komödien bergen in Fülle der Koran und die Mohallakas des Heiligtums.‹ Er fühlte sich schläfrig, fröstelte ein wenig. Als er den Turban abgeschlungen hatte, betrachtete er sich in einem Metallspiegel. Was seine Augen sahen, weiß ich nicht, weil kein Geschichtsschreiber seine Züge überliefert hat. Ich weiß nur, daß er jäh entschwand, wie von einem lichtlosen Feuerstrahl getroffen, und daß mit ihm das Haus und der unsichtbare Springbrunnen entschwanden und die Bücher, die Manuskripte, die Tauben und die vielen schwarzhaarigen Sklavinnen und die zitternde mit dem roten Haar und Farach und Abulcásim und die Rosenbüsche und am Ende gar der Guadalquivir.« Dann schließt Borges: »In der vorstehenden Geschichte wollte ich den Vorgang eines Scheiterns darstellen. Zuerst dachte ich an jenen Erzbischof von Canterbury, der sich vornahm zu beweisen, daß es einen Gott gibt; dann an die Alchimisten, die nach dem Stein der Weisen suchten; dann an die vergeblichen Dreiteiler des Winkels und Quadrierer des Kreises. Dann bedachte ich, daß der Fall eines Menschen poetischer ist, der sich ein Ziel steckt, das zu erreichen anderen nicht versagt ist, wohl aber ihm. Ich dachte an Averroes, der, im Umkreis des Islam befangen, nie die Bedeutung der Wörter ›Tragödie‹ und ›Komödie‹ wissen konnte. Ich erzählte den Fall; je weiter ich kam, um so mehr... fühlte (ich), daß Averroes, als er sich vorzustellen versuchte, was ein Drama sei, ohne eine Ahnung vom Theater zu haben, nicht absurder war als ich, der ich mir Averroes vorzustellen versuchte, ohne sonst ein Material als ein paar Schwarten von Renan, von Lane und Asín Palacios. Ich fühlte auf der letzten Seite, daß meine Erzählung ein Symbol des Menschen war, der ich war, während ich an ihr schrieb, und daß ich, um diese Erzählung zu schreiben, dieser Mensch hatte sein müssen, und um dieser Mensch zu sein, diese Erzählung hatte verfassen müssen, und so *ad infinitum*. (Im Augenblick, da ich aufhöre, an ihn zu glauben, entschwindet ›Averroes‹.)«

Ich wollte auch etwas Ungewöhnliches: Ich wollte ein Zeitstück schreiben. Über die Vorfälle in Polen, die zu einer Militärdiktatur führten. Es war mir klar, daß Jaruzelski nicht anders handeln konnte. Die Notwendigkeit des Verrats in der Politik hatte mich immer interessiert. Schon in meinem dritten Stück, *Romulus der Große*, stellte ich einen Verräter dar. Romulus spielt einen so schlechten Kaiser, daß die Germanen das Römische Imperium erobern können. Seine Frage an den von den Germanen skalpierten und gefolterten Ämilian und an alle, die in ihm einen Verräter sahen und sich in seinem Schlafzimmer versteckt hielten, um ihn zu ermorden: »Rom ist schwach geworden, eine taumelnde Greisin, doch seine Schuld ist nicht abgetragen, und seine Verbrechen sind nicht getilgt. Über Nacht ist die Zeit angebrochen. Die Flüche seiner Opfer haben sich erfüllt. Der unnütze Baum wird gefällt. Die Axt ist an den Stamm gelegt. Die Germanen kommen. Wir haben fremdes Blut vergossen, nun müssen wir mit dem eigenen zurückzahlen. Wende dich nicht ab, Ämilian. Weiche nicht vor meiner Majestät zurück, die sich vor dir erhebt, mit der uralten Schuld unserer Geschichte übergossen, schrecklicher noch als dein Leib. Es geht um die

Gerechtigkeit, auf die wir getrunken haben. Gib Antwort
auf meine Frage: Haben wir noch das Recht, uns zu weh-
ren? Haben wir noch das Recht, mehr zu sein als ein
Opfer?« Auf diese Frage wurde 1949 nicht eingegangen.
Deutschland hatte die Welt angegriffen und sie zum Opfer
gemacht, und als es besiegt wurde, war es selber ein Opfer.
Dieser weltpolitische Wetterumschlag verwirrte viele.
Kaum war der Krieg zu Ende, setzte der Kalte Krieg ein,
der Wetterumschlag im Wetterumschlag. Der Angriffs-
krieg gegen die Sowjetunion wurde nun plötzlich wieder
ein Verteidigungskrieg des christlichen Abendlandes gegen den Bolschewismus, eine Meinung, die noch bei vielen
herumgeistert. Doch vor allem kamen die Männer vom
20. Juli 1944 ins Zwielicht, sie galten für viele erneut als
Verräter. Von der Diskussion über sie kam ich auf die Idee,
einen Kaiser zu erfinden, der bewußt sein eigenes Reich
verrät: Der Verrat als politische Pflicht, eine Antwort, die
ich Genscher gab, als er mich im Sommer 1982 anläßlich
des Besuchs des deutschen Bundespräsidenten Carstens in
der Schweiz fragte, was ich schreibe, und ich an *Achterloo*
schrieb. Nun gibt es nichts Schwierigeres, als die Entste-
hung eines Stücks zu rekonstruieren. Die Errichtung einer
Militärdiktatur nannte Marx Bonapartismus, und so asso-
ziierte ich Jaruzelski mit Napoleon, freilich nicht mit Napoleon dem Dritten, den Marx meinte, sondern mit Napoleon dem Ersten. Diese Assoziation hat wiederum nichts
mit dem unmittelbaren Grund zu tun, warum ich *Achterloo* zu schreiben begann, den ich darin sah, daß der Verrat
wesentlich zur Politik gehört. Diese spielt sich auf drei
Ebenen ab, auf der ideologischen, auf jener der Wirklichkeit und auf jener der Macht, die gebraucht wird, um
entweder die Ideologie durchzusetzen oder sie der Wirk-

lichkeit anzupassen oder gar um die Macht durch Macht
zu erhalten: Ohne Verrat kommt die Macht nicht aus.
Auch Jaruzelskis Macht nicht. Seine Macht war die Armee, und die kommunistische Partei Polens hat Jaruzelskis
Macht zur Hilfe gerufen, um ihre Macht zu erhalten. Aber
das war nur ein Aspekt der damaligen politischen Situation. Jaruzelskis Machtübernahme verhinderte den Einmarsch der Russen und verminderte die Möglichkeit eines
Konflikts zwischen der Sowjetunion und den Vereinigten
Staaten von Amerika. Es war das letzte Mal, daß ein dritter
Weltkrieg drohte. Indem ich Jaruzelski durch Napoleon
ersetzte, setzte ich die Figuren neu und eröffnete ein neues
Spiel – statt ein Zeitstück versuchte ich ein Welttheater zu
schreiben: Ein dritter Weltkrieg würde das Ende der
Menschheit bedeuten, er kann nur durch Verrat vermieden
werden. Aber damit ist *Achterloo* keine Illustration der
Geschichte, sondern eine *Metabasis eis allo genos*, ein
Denkschritt, der zwar in der Logik unzulässig ist, ein
›Hinüberspringen in ein anderes Gebiet‹, das aber die
Dramaturgie des Welttheaters erzwingt. Sowenig Jaru-
zelski Napoleon ist, sowenig ist Wałesa Hus, der Kardi-
nal Glemp Richelieu, Robespierre Suslow und Marx I und
Marx II Breschnew. Sie sind Verfremdungen, Figuren auf
einem anderen Schachbrett, Akteure eines Welttheaters.
Sie spielen die Partie, in die sich unsere Welt verstrickt hat,
noch einmal durch: Gestalten der Phantasie, nicht der
Wirklichkeit. Vieles erscheint willkürlich. Warum sich Ju-
dith/Jeanne d'Arc bei Napoleon einfand, läßt sich nur
vermuten. Vielleicht um der Sinnlosigkeit des politischen
Attentats willen. Daß Jeanne d'Arc ein Callgirl ist, dessen
Aktbilder in der Zeitung der neuen Gewerkschaft erscheinen, stellt eine Parodie auf die Prüderie des damaligen

Ostblocks dar, auf den geheimen Handel mit ›Playboys‹.
Bei der Bildung eines Moleküls, das später der Kern eines
Stücks oder Romans wird, ist nicht nur Logik im Spiel,
sondern auch Unbewußtes (das auch seine Logik hat),
Gedankenspielerisches, äußere und innere Anregungen,
die vergessen werden: So mag die Ausweglosigkeit der
politischen Situation Polens mich veranlaßt haben, diese
noch durch ein sinnloses Attentat zu unterstreichen. Die
Widersprüchlichkeit der Zeit liefert meine Stoffe, ich
schreibe keine Satiren, ich schreibe Paradoxien. Seit Beginn meiner Beschäftigung mit dem *Achterloo*-Stoff war
mir bewußt, daß ich etwas Unmögliches unternahm, doch
verführte mich das Unmögliche, nicht das Mögliche: Die
Unmöglichkeit, ein Zeitstück zu schreiben, liegt vorerst
im Wesen der Zeit, es ist die Vergangenheit, die sich auf der
Bühne als Gegenwart präsentiert, präsentieren muß, weil
die Bühne nur die Gegenwart kennt. Doch eine Unmöglichkeit, einmal in Angriff genommen, verlockte mich, sie
zur Dramaturgie des Spiels zu machen: »Das Spiel, worin
ich mitwirke, ist längst überholt, das Schicksal, das es mit
jedem Stück teilt, das mit der Absicht gezimmert wird, die
Zeit, in der es spielt, in eine weniger vergängliche zu
rücken, in unsere Gegenwart womöglich, ist die vergänglichste aller Zeiten.« Noch radikaler: »Die Bühnenrealität,
die wir spielen, ist ebenso unwirklich wirklich wie jene
Realität, in der Ihr Euch als neugierige Besucher in Achterloo befindet: Beide sind Vergangenheit, nehmen wir sie
wahr, versunken im Abgrund des Nicht-mehr-seins.« Damit wird das Zeitstück zum Zeitspiel, zum Spiel über eine
Zeit, zum Theater auf dem Theater, zum Welttheater eben,
denn was sich heute abspielt, spielt mit dem Schicksal
unserer Welt, und darum muß auch der fingierte Autor

auftreten, der dieses Welttheater schreibt: »Tagsüber seziere ich in der Spiegelgasse 12 Fische, Frösche und Kröten, um mich auf meine Vorlesung auf der Universität
Zürich über Vergleichende Anatomie der Fische und Amphibien vorzubereiten, aber nachtsüber schreib ich an
zwei neuen Theaterstücken, einem über den korrupten
und bösartigen Renaissanceschriftsteller Pietro Aretino,
durch die Schlamperei meiner Familie, die in mir nur den
Naturforscher sah, verlorengegangen, und das andere
spielt am Morgen des 12. und am Morgen des 13. Dezember 1981 in Warschau, in einer Zeit also, in der ich, der ich
sie schreibe, nicht bin. Ein doppelt verrücktes Unternehmen, werden Sie sagen und sich fragen, aus Neugier hierher verirrt, was denn ich auf der Bühne von der Zeit wissen
könne, in der die Handlung spielt, von eurer Gegenwart,
deren Wellenschlag euch noch berührt . . . Das Muß ist eins
von den Verdammungsworten, womit der Mensch getauft
worden. Was ist das, was in uns lügt, mordet, stiehlt? Und
weil auch Ihr unter diesem Muß steht, ist auch Eure Zeit,
von meiner Zeit aus gesehen, voraussehbar. Darum mußte
ich diese Komödie zu schreiben beginnen und darum muß
ich sie zu Ende schreiben.« Aber am Schluß stellt er resi-
gnierend fest: »Doch hielten sich die Muster nicht an
meinen Text, sie redeten, was sie mußten, und nun rutscht
gar die Handlung wie die Laufmasche eines billigen
Strumpfes in die Zeit fast sechshundert Jahre vor Christi
Geburt zu Judith und Holofernes. Ich werde von nun an
nichts mehr schreiben.« Zur erkenntnistheoretischen Unmöglichkeit, eine geschichtliche Wirklichkeit auf die
Bühne zu bringen, stößt die dem Medium Bühne inne-
wohnende Problematik, die für manchen, der Stücke
schreibt, gleichgültig ist, aber für mich stets einer der

Gründe war, Stücke zu schreiben. Diese Problematik möchte ich die Dialektik der Bühne nennen: Wenn Averroes in den Spiegel schaut, weiß Borges nicht, wen Averroes sah, weil sein Bild nicht überliefert ist, aber wir sehen etwas Unwirklicheres als nichts: Einen Schauspieler, der nicht Averroes ist, sondern Averroes darstellt. Im Spiegel des Averroes erscheint ein Ersatzbild. Ich vermag nicht Averroes auf die Bühne zu stellen, sondern nur einen Schauspieler, der Averroes spielt. Die Dialektik der Bühne fällt so mit jener des Schauspielers zusammen, er hat auf der Bühne nicht er selber zu sein, sondern muß jemanden anderes spielen, in unserem Beispiel Averroes. Doch hat sich diese Dialektik im Verlauf der Zeit verschärft. Das lateinische *persona* bedeutet die Maske des Schauspielers. Der Schauspieler war unter der Maske versteckt, man erkannte an der Maske nicht den Darsteller, sondern den Dargestellten, Ödipus, Aias, Eteokles oder Kreon usw. So konnte Aristoteles von der Tragödie noch behaupten, sie ahme Mythen nach, weil der Schauspieler hinter der Maske, sich mühsam auf Kothurnen bewegend, mehr ein Rezitator war als ein Schauspieler. Indem der Schauspieler seine Maske fallen ließ, wurde er aus einem Vorträger von Rollen ein Darsteller von Rollen, die Dialektik der Bühne, die zwischen Schauspieler und Rolle, änderte sich. Die Rolle wurde wichtiger als das Stück, Hamlet und Lear wichtiger als deren Fabel, die Stücke leben von den Rollen, nicht von der Handlung. Die Zeit des Schauspielertheaters. Ich komme von ihm. So wichtig mir stets die Handlung war, ich schrieb sie nur, wenn ich sie als Theaterstück sah, als Möglichkeit für Schauspieler. Das Paradoxe liegt nicht primär in den Geschichten, die ich erzähle, sondern in den Gestalten, die ich erschaffe, paradox erzeugen sie

das Paradoxe. Das führt dazu, daß ich den Akteuren oft
viel zumutete. Ein berühmter Kritiker schrieb, die Rolle
der Schwester Monika in den *Physikern* sei unspielbar, sie
hat aufzutreten, eine Liebesszene zu spielen und sich ermorden zu lassen. Ich weiß noch, mit welchen Bedenken
ich die Proben für eine Tournee der *Physiker* aufnahm.
Charles Regnier spielte den Möbius, Dinah Hinz die
Schwester Monika. Durch die Umstände war ich gezwungen, mit der Szene der beiden anzufangen. Sie gelang auf
Anhieb. Und neulich sah ich in einer alten Aufzeichnung
Renate Schröter in dieser Rolle. Sie spielte sie mit einer
klaren Selbstverständlichkeit. Und so denke ich an viele
Schauspieler zurück, die zu meiner Palette gehörten, für
die ich schreiben konnte, die mein Schreiben ergänzten, ist
doch für mich Theater vor allem ein Ereignis, das in der
Begegnung eines Schauspielers mit einer Rolle besteht, als
eine Synthese des Akteurs mit meinem Text: Ich denke an
Kurt Horwitz als Romulus der Große, aber auch an die
majestätische Textunsicherheit Erwin Kalsers in derselben
Rolle, ich sehe Peter Lühr und Ernst Ginsberg als Graf
Bodo von Übelohe-Zabernsee über die Bühne torkeln,
den gespenstischen Auftritt Theo Lingens als Einstein in
den *Physikern*, die Geige in der Hand: »Ich bin aufge-
wacht.« Ich denke an die Auseinandersetzung Therese
Giehses als Ottilie Frank mit Maria Becker als Frieda Fürst
in der Banksitzung, die Giehse kalt, erhaben und gefährlich: »Ich weiß, Fräulein Frieda Fürst. Zweiundzwanzig
Jahre üben Sie in unserem Geschäft Ihr Metier aus. Doch
würde ich mich an Ihrer Stelle nicht damit brüsten. Es tut
uns leid, wir müssen eine jüngere Kraft suchen. Die An-
nonce ist bereits aufgegeben«, die Becker stolz, triumphie-
rend und entschlossen: »Frau Frank. Ich weiß, was eine

Entlassung in dieser Bank bedeutet. Sie wollen mich um-
bringen lassen, wie man alle umbrachte, die man nicht
mehr brauchen konnte. Ich soll in den Keller. Frau Frank,
ich bin keine Frau wie Sie, ich bin keine Dame. Was ich tat,
tat ich aus Liebe. Ich will einmal Richard Egli heiraten. Sie
werfen mir mein Alter vor, Frau Frank. Es stimmt, ich bin
vierzig, aber darum lasse ich mir keine Stunde mehr von
Ihnen rauben, denn ich will noch Kinder bekommen, Frau
Frank, mit meinem Richard eine Familie gründen. Sie
glauben, mit mir wie mit anderen verfahren zu können. Sie
täuschen sich gewaltig, Frau Frank. Sie kennen nichts
anderes als Ihr Geschäft und Ihr Geld. Aber nun sollen Sie
die Macht der Liebe erfahren. Richard wird mich beschüt-
zen, Frau Frank. Ich pfeife auf Ihre Drohung!«, und dann
nach der Sitzung, wie die Becker begreift, daß der Perso-
nalchef Richard Egli, gespielt von Gustav Knuth, sie töten
muß, ich kann den Dialog der beiden nicht vergessen:
Becker: »Verzeih, daß ich dich aufgeregt habe.« Knuth:
»Es fällt mir schwer, Frieda. Wirklich.« Becker: »Im Keller?« Knuth: »Wie immer.« Becker: »Gleich?« Knuth:
»Bald.« Und ich sehe immer noch Gustav Knuth als gro-
ßen Muheim, wie er im *Meteor* aus Schwitters Atelier
wankt: Der große Muheim ist alt, uralt, und Knuth war
plötzlich uralt. Ich sehe Ernst Schröder als Augias eine
Kuh melken, die nicht da war und doch da war, weil
Schröder wußte, wie man eine Kuh melkt: »Ruhig, Bleß.«
Poesie der Bühne. Ich sehe Steckel, wie er sich, wieder im
Meteor, aufs Bett und die Totenkränze legt: »Grandios,
Nyffenschwander! Der Tod rast auf einen zu wie eine
Lokomotive, die Ewigkeit pfeift einem um die Ohren,
Schöpfungen heulen auf, krachen zusammen, ein Riesen-
unfall das ganze –«; oder Kurt Beck, wie er im *Mitmacher*,

auf dem Überseekoffer sitzend, worin sich die Leiche
seiner Mätresse befindet, die gleichzeitig Docs Geliebte
ist, mit seinem Monolog Zürichs Geistesriesen in Rage
brachte: »Ann war nun einmal Docs schwache Stelle. Weil
er sich ein schlechtes Gewissen leistet. Wie alle Intellektuellen. Sie nehmen die Welt gleich zweimal in Anspruch: so
wie sie ist und so wie sie sein sollte. Von der Welt, wie sie
ist, leben sie, von der Welt, wie sie sein sollte, nehmen sie
die Maßstäbe, die Welt zu verurteilen, von der sie leben,
und indem sie sich schuldig fühlen, sprechen sie sich frei,
ich kenne den Schwindel: Das Pack ist für den Macht-
kampf ungeeignet.« – sie fühlten sich gemeint und mein-
ten, nur ich dürfe mich damit meinen, während ich meinte,
wir alle müßten uns damit meinen. Auch sehe ich in den
Wiedertäufern Willy Birgel in einer Doppelrolle, als
Matthison, mich gespenstisch an meinen Vater erinnernd,
und als Kardinal – Rom konnte neidisch werden –, und
Mathias Wieman als gelähmten Bischof, der sich aus seinem Rollstuhl erhebt: »Diese unmenschliche Welt muß
menschlicher werden, aber wie?« Eine Frage, die mich
noch heute beschäftigt. Und noch an viele denke ich zurück, nicht zuletzt an jenen Schauspieler, der in Straßburg
bei Gignoux den Präfekten der Reiterei Spurius Titus
Mamma spielte, der Romulus ermorden will und deshalb
nie zum Schlafen kommt: sein Aufschrei: »Hundert Stun-
den habe ich nicht geschlafen«, sein verzweifeltes Knöpfe-
Zählen, sein Turnen, seine ständigen Versuche, gegen den
Schlaf anzukämpfen, um im Moment, wo er den Kaiser
ermorden könnte, einzuschlafen.

Die Dramaturgie von *Achterloo* ist eine Dramaturgie des
Scheiterns: Das Stück ist als eine mißglückte Theaterauf-

führung zu inszenieren. Der Erbe einer Spanferkelkette bildet sich ein, Georg Büchner zu sein, und schreibt ein Zeitstück über den 12. und 13. Dezember 1981 in Warschau, das er nicht fertig bringt und dessen Text nur selten jemand spricht, so daß man sich fragen muß, was denn eigentlich dieser Spanferkelkettenerbe zusammenschmierte: Offenbar spricht er als Woyzeck seinen Text, auch als Franklin, weil er ihn, und als Hus, soweit er ihn selber spielt, auch Texte von Jeanne müssen von ihm stammen. Sicher wollte der Spanferkelkettenerbe ein Zeitstück über das heutige Polen schreiben, aber da er sich einbildet, Büchner zu sein, standen seiner Phantasie nur Personen zur Verfügung, die zu Büchners Zeiten schon Geschichte waren. So ist denn *Achterloo* unter anderem auch ein indirektes Porträt Büchners, nicht ohne Grund hatte ich einmal den *Woyzeck* inszeniert, und Büchner zu Ehren lasse ich Woyzeck auftreten. Büchners Schlußansprache ist schon in *Achterloo III* (in *Rollenspiele*) enthalten. Ein Literat behauptete, die Schlußrede Büchners hätte ich von Thomas Mann, vom Anfang seines Joseph-Romans. Da ich, wenn auch nicht ungeübt im Umgang mit Labyrinthen, immer wieder fassungslos vor den literarischen Gehirnwindungen von Rezensenten stehe, kaufte ich mir die Taschenbuchausgabe des Romans; mein erster Eindruck hat sich bestätigt: Der Rezensent hat als schwerst Literaturgeschädigter Anspruch auf eine Vollinvalidenrente. Für ihn existiert Büchner nur als Dichter; doch kam auch ich erst nach der Aufführung von *Achterloo IV* darauf, daß der Zahntechniker Jean-Pierre Leuli, der sich für Carl Gustav Jung, und der Damenschneider Ignaz Schwänzel, der sich für Sigmund Freud hält, Inkarnationen der beiden naturwissenschaftlichen Grundansichten darstellen, von

denen Georg Büchner in seiner Zürcher Probevorlesung
ausging, aus der ich die Schlußrede formte: Jung vertritt
die teleologische Ansicht, er fragt nach dem Zweck, dem
Sinn; Freud die philosophische, wie Büchner sie nennt, er
fragt nach dem Grund. Sie sind denn auch die Verrückte-
sten im Stück: Der Damenschneider verwandelt sich zurück zum Urgrund der Menschheit selber: »Ich bin das
Unterbewußtsein des Unterbewußtseins des Menschen, in
mir schlummern wie der Embryo im Pottwal die Kunstwerke der Menschheit samt ihren Schöpfern: die Cheopspyramide, die Akropolis, Mona Lisa, die Skyline Manhattans, aber auch Homer, Shakespeare, Karl Marx, die Callas
und Einstein, ja selbst der Spanferkelkettenerbe, der mich
zu dichten versucht. Ich bin der Prokonsul und eile, den
Urschrei ausstoßend, zu meiner Urhorde, die Menschheit
zu gründen.« – während der Zahntechniker zum ›Sinn‹ der
Menschheit wird: »Geheilt vom Wahn, Carl Gustav Jung
zu sein, weiß ich wieder, wer ich bin: Ich bin der Sinn hoch
drei des Menschen, der Computer, der den Übercomputer
ablöst, der den Computer ersetzt, der den Menschen überflüssig macht. Ich bin die Prothese der Prothesen, das
Weltgebiß. Das Weltprogramm ist abgespult. Ich muß neu
gefüttert werden.« Im weiteren sind die beiden, die im
ersten Akt Plon-Plon und Louis, die Neffen Napoleons,
spielen, im zweiten Marx I und Marx II. Eine Maske
verbirgt eine Maske, die eine Maske verbirgt usw., und
hinter der letzten Maske ist nichts: Der Spiegel, in den
Averroes blickt, ist leer. Eines jeden Spiegel. Jeder, der
hineinblickt, wendet sich ab, erschrocken, daß er nichts
sieht, und kaum hat er sich umgedreht, hat er ein Gesicht,
eine Maske, wird er zur *persona*, spielt sich eine Handlung
in der Handlung ab, hat es den Anschein, als sei die eigent-

liche Handlung durch all diese Unterbrüche bedeutungslos geworden. Sie spielt sich nur an der Oberfläche ab,
gleichsam zufällig; wichtiger scheinen die Personen, die
diese Handlung spielen, sie brechen immer wieder durch
die Rolle, die sie spielen sollten, sie ist wie eine dünne
Eisdecke, unter welcher der Wahnsinn lauert, aber auch
der ist Eis, und gibt es nach, wird das eigentliche Ich
freigesetzt: »Jeder Mensch ist ein Abgrund, es schwindelt
einem, wenn man hinabsieht«, sagt der Damenschneider,
als Plon-Plon den Woyzeck spielend, weil der Pfarrer, der
sonst den Woyzeck spielt, gerade den Jan Hus spielt.
Damit zitiert Woyzeck (der Damenschneider) den Woyzeck Georg Büchners, und derjenige, welcher sich einbildet, Georg Büchner zu sein, sagt das gleiche noch einmal
anders: »Die menschliche Natur ist ein Abgrund, verborgen unter einem Genist leerer Begriffe.« *Achterloo* kann
mit einer Zeichnung M. C. Eschers verglichen werden
oder mit einem Spiegelkabinett verschieden geschliffener
Spiegel. Einer, der sich für Cambronne hält, versucht sich
vergeblich an sein berühmtes Wort zu erinnern, dann
spielt er Papst Johannes XXIII., der Hus in den Bann tat,
und am Schluß weiß er weder, woran er sich erinnern
wollte noch wer er glaubte zu sein, noch wer er ist: »Ich
bin niemand mehr.« Ein anderer, ein clochardhafter Pfarrer, der nicht weiß, ob er in Achterloo Pfarrer oder ein
Pfarrer in Achterloo ist, der schon den Woyzeck spielt,
muß nun zu seinem Ärger den Hus spielen, »war der doch
ein gewaltiger Prediger«, während bei ihm »höchstens
fünfzehn Weiblein um die Kanzel hockten«... »Wir waren beide Woyzecke. Wir waren beide verflucht bescheiden. Wir verlangten beide nur das Mögliche und wurden
beide ausgenutzt. Wir waren beide ein Opfer unserer

Halbherzigkeit. Woyzeck wagte nicht zuzudrücken, und ich hing zu sehr an der alten Ordnung.« Konsequenter ist der Transvestit. Er spielt die Rollen nicht, weder Robespierre noch Fouché, er stellt die Personen, die er spielen soll, nur vor. Er bleibt in seinem Marlene-Dietrich-Kostüm, auch als Kaiser Sigismund spricht er nur von sich, von seinem Beruf und weshalb er sich in Achterloo aufhält: »Ich bin tief religiös. Ehrlich. Ich denke über Gott nach. Wenn Gott die Welt geschaffen hat, wer hat Gott geschaffen, und wer den Gott, der den Gott geschaffen hat, der die Welt geschaffen hat, und so frage ich immer weiter.« Der Professor tritt auf, ein Außenminister der USA vielleicht, der einen Frieden stiftete: »Ich weiß nicht mehr wo und zwischen wem. Ich weiß nur, daß der Friede, den ich gestiftet habe, einen Krieg möglich machte, . . . und ich weiß, daß ich von der Macht korrumpiert wurde, weil ich im Namen einer korrupten Freiheit eine Macht bekämpfte, die im Namen einer korrupten Gerechtigkeit handelte, und endlich weiß ich, daß ich versucht habe, auf einem irrationalen Schachbrett rational zu spielen, mit meiner Vernunft eine Bestie einzupuppen, deren Instinkt den Kokon zerreißt. Die Bestie heißt Menschheit. Ich habe den Versuch aufgegeben«, und schon ist er in Achterloo: »Irgendwo. Offene Flügeltüren und dahinter nichts. Als ob es nichts als dieses Achterloo gäbe. Vielleicht gibt es nichts mehr außer Achterloo«, und entschlossen, wieder zurückzukehren »in das Nichts, aus dem ich gekommen bin«. Zurück vor den Spiegel des Averroes, um, hineinschauend, jäh zu entschwinden. Er erschießt sich, »wie von einem lichtlosen Feuerstrahl getroffen«. Aber der Revolver war mit Platzpatronen geladen, Freud und Jung stecken ihn in eine Zwangsjacke und versprechen »richtige

Patronen«, wenn er beim Rollenspiel mitmacht, und er spielt mit komödiantischer Freude den Napoleon, als letzten Jux, als letzte Rolle, kann er doch nachher dem Maskenspiel ein Ende machen. Wollte er Benjamin Franklin spielen, wählte er Napoleon, weil Büchner Franklin spielen will, und sieht sich so Jeanne d'Arc gegenüber, unerwartet, in einer Zwangsjacke wie er. Als Jeanne d'Arc will sie den Krieg, um durch Patriotismus ihre Mordpläne zu rechtfertigen, während Napoleon den Frieden will und alles versucht, das, was ihm in der Wirklichkeit mißlungen ist, wenigstens im Spiel möglich zu machen. Diese Konstellation »unter der Eisoberfläche« ist verhängnisvoll. Jeanne d'Arc als Enkelin eines Kriegsverbrechers bildet sich ein, Judith zu sein, um die Schuld ihres Großvaters zu rächen: »Ich hab meinen Großvater geliebt. Ich hab nachher keinen Menschen mehr geliebt. Wenn es einen Gott gibt, sieht er wie mein Großvater aus.« Der ehemalige Außenminister als Napoleon kommt auf den Gedanken, sich als Holofernes auszugeben, um sich von ihr erschießen zu lassen: »Judith machte Holofernes auch besoffen. Judith und Holofernes, eine Frau, die sinnvoll töten, und ein Mann, der sinnvoll getötet werden konnte. Als Judith Holofernes getötet hat, ist ihr Land frei geworden. Tötest du mich, wird der Unsinn unserer Unfreiheit nur noch unsinniger.« Jeanne steht auf, schreit: »Ich bin nicht Judith.« Napoleon zieht sie brutal zu sich herunter: »Ich bin Holofernes! Ich bin immer Holofernes gewesen. Nie war ich ein Professor, nie Napoleon. Ich bin immer Holofernes gewesen. Das hast du immer gewußt, so wie ich immer gewußt habe, daß du nicht Jeanne bist, daß du Judith bist, Judith.« Damit beginnt ein tödliches Spiel. Die wirklichen Motive Jeannes, Judith zu sein, werden deutlich, es spielt sich wiederum in einem Spiel ab, gleichsam in einem Spiel in einem Spiel, Judith geht zu Holofernes, um ihn zu töten, er sagt es ihr und sie bestätigt es ihm und sie lieben sich. Er bleibt mit seinen hundertzwanzigtausend Soldaten und zwanzigtausend Schützen vor der Stadt Bethulia, und die Belagerungstürme rollen nicht an. Drei Wochen bleibt er vor der Stadt, und jeden Mittag kommt Judith zu ihm »in der Hitze des Mittags« und schläft mit ihm, und wenn die Bethulier fragen, wann sie Holofernes töten werde, antwortet sie »morgen«. Holofernes schläft mit ihr und begreift nicht mehr, warum er dieses Weib in den Tod schikken und Bethulia verbrennen soll. »Bethulia ist nicht wert, zerstört zu werden, aber Judith ist wert zu leben.« Judith schläft mit ihm und begreift nicht mehr, warum sie ihn töten und Bethulia retten soll: »Bethulia ist nicht wert, gerettet zu werden, sein Gott und sein Gesetz haben mich gezwungen, drei Jahre und sechs Monate um meinen Mann zu trauern, den ich nicht liebte, und haben mich zum Manne geschickt, den ich liebe, um ihn zu töten.« Holofernes will Judith noch einmal lieben, sie dann nach Bethulia zurückschicken und mit seinem Heer abziehen. Er wirft sie brutal von sich, sie ergreift den Revolver und erschießt ihn von hinten. Judith: »Ich werde mit dem Kopf meines Geliebten nach Bethulia zurückkehren, und dann werden in der Nacht die Belagerungstürme angerollt kommen, Holofernes zu rächen, und sie werden Bethulia in Brand setzen. Die Männer, die Frauen und die Kinder werden im Feuer umkommen, und stolz werd ich den Bogenschützen entgegengehen, den Kopf meines Geliebten vor mir her tragend, und wenn die große Stichflamme in den Himmel schießt, werden die Pfeile sich in meinen Leib vergraben.« Damit hat der Mord an Holofernes einen

neuen Sinn. Der Geist des Großvaters ist stärker als die
Absicht seiner Enkelin, sie tötet Holofernes, den Mann,
den sie nicht lieben darf und doch liebt, nur, weil sie mit
seinem Tod den Tod ihres Großvaters rächt und das Volk,
das von ihrem Großvater vernichtet wurde, noch einmal
vernichtet.

Abschied vom Theater

1990

Die Aufführung von *Achterloo* IV liegt anderthalb Jahre
zurück und die Nacht vom 12. auf den 13. Dezember 1981
in Warschau neun Jahre. Seitdem bestand zwischen den
USA und der Sowjetunion keine akute Kriegsgefahr mehr,
im Gegenteil, eine Evolution setzte ein, die niemand vor-
aussah, Jaruzelskis Militärdiktatur machte Breschnews
Eingreifen unnötig, legte aber die Ohnmacht der kommunistischen Partei bloß. Breschnew starb, zwei Jahre später
Andropow, ein Jahr darauf Tschernenko, ihm folgt Gorbatschow, der durch Perestroika und Glasnost in der Sowjetunion eine »zweite Revolution« einzuleiten versucht,
mit dem Ziel, mehr Sozialismus und mehr Demokratie zu
erreichen. Die Staaten des Ostblocks nehmen Gorbatschow beim Wort. Jaruzelski bleibt Staatspräsident, aber
die kommunistische Partei vermag den Sieg der Solidar-
ność nicht zu verhindern, Ungarn öffnet die Grenzen
nach Österreich, die Massenauswanderung aus der DDR
beginnt, das Honecker-Regime kracht zusammen, skan-
dierten die Bürger »Wir sind das Volk«, skandieren sie
jetzt »Deutschland, einig Vaterland«, Bulgarien wankt, die
tschechoslowakische KP weicht zurück, gibt auf, in Ru-

mänien stürzt das Regime, Ceaușescu und seine Frau werden erschossen. Im Namen der Freiheit, und weil für den Westen Freiheit und freie Marktwirtschaft Synonyme sind, sehen die westlichen christlichen Parteien in diesen politischen Umwälzungen gleich das Ende des Sozialismus. Sie machen den Unfug mit, die Staatsform, die die regierenden kommunistischen Parteien unterhielten, wie diese ›sozialistisch‹ zu nennen. Wenn ich jedoch sehe, wer alles als Politchrist herumläuft, kann ich mit dem gleichen Recht vom Ende des Christentums reden. Der Sozialismus ist innerhalb der kapitalistischen Wirtschaftsordnung deren Korrektiv, christlich nennen sich ihre Vertreter nur aus kosmetischen Gründen: »Wer nennt sich hierzulande nicht alles Christ.« Die freie Marktwirtschaft macht den Frieden mit der Zeit ebenso gefährlich wie der Krieg, ist sie doch dessen neue Form: die ökologische Katastrophe, der sie entgegentreibt. »Darum versuche ich, ›Achterloo‹ zu schreiben, die komische Beschreibung eines Aufstands, der unterblieb, weil durch Verrat ein Krieg vermieden werden mußte, der die Menschheit zugrunde gerichtet hätte, um einen Frieden zu retten, an dem die Menschheit zugrunde geht.« Doch das Motiv, das *Achterloo* hervorrief, die Notwendigkeit des Verrats in der Politik und die Gefahr eines dritten Weltkriegs, wurde durch den Verlauf der Geschichte vorläufig in den Hintergrund gedrängt, und die Überarbeitung trieb den Stoff von der Handlung weg zu den Personen, welche die Handlung spielen. Indem die Rollenspieler wichtiger wurden als das Rollenspiel, trat dieses in den Hintergrund. Nicht was die Rollenspieler spielen, sondern was sie sind und was sie denken, wurde wichtig. Die Konstellation auf dem Schachbrett des Welttheaters bekam einen neuen Sinn.

Kippt die Geschichte oft in wenigen Wochen um, bereiten
sich die Gründe, die sie zum Umkippen bringen, nur
allmählich vor. Scheint sich in Europa eine Politik der
Vernunft durchzusetzen, ist überall der Fundamentalismus im Vormarsch. Nicht nur im Islam und im Judentum,
auch im Christentum. Bricht die politische Ideologie zusammen, breitet sich die Religion aus. Zerbröckeln die
politischen Ideologien an der wirtschaftlichen Notwendigkeit, an der »Umwälzung der Weltwirtschaft durch
eine Technologie, welche die Diktatur des Proletariats
durch Abschaffung des Proletariats erledigt... Straßenputzerheere für Straßen, die nicht vorhanden sind, werden
unsere Steppen durchziehen. Sinnlos! Zwecklos!«, nähren
sich die religiösen Ideologien am Gegensatz, in welchen
der Glaube in immer stärkerem Maße zum Wissen gerät,
um so mehr, als sich dieser Gegensatz scheinbar zu ver-
wischen beginnt, wissen wir doch immer weniger unmit-
telbar. Wir wissen vermittels der ›Prothesen‹ unseres
Hirns, der Bücher und jetzt auch der Computer, die das
Wissen gespeichert haben.

Das Wissen ist eine dünne Eisdecke über dem kochenden
Abgrund des Glaubens. Es deckt den Glauben zu, ohne
dessen Macht zu erreichen: Der Glaube treibt im Unterbewußten unkontrolliert sein Wesen. Und nicht nur er: Das
Irrationale steigt aus der Tiefe. Was aus der Tiefe steigt, ist
gefährlich. Es ist eruptiv. Ein Gleichnis. Es lohnt sich, bei
ihm zu bleiben. Das Eis ist ein Aggregatzustand des Was-
sers, die Frage stellt sich, ob nicht Wissen ein Aggregatzustand des Glaubens ist. Ich glaube etwas und weiß etwas.
Aber ich kann auch glauben, etwas zu wissen, und wenn
ich glaube, glaube ich ohnehin zu wissen. Die Frage, ob ich

weiß, daß ich wach bin, oder ob ich glaube, wach zu sein, ist nicht zu beantworten. Wissen und Glauben haben hier das gleiche Objekt zum Ziel: das Bewußtsein und damit ein Doppeltes, können wir doch jenes wach oder träumend vorstellen. Aber weil der Traum für den Träumenden wirklich ist, glaubt der Träumende wach zu sein, und weil für den Glaubenden Glauben Wissen ist, weiß er auch träumend, daß er wach ist. Unser Bewußtsein ist paradoxer, als wir glauben, bevor wir es reflektieren. Anders verhält es sich mit den Inhalten unseres Bewußtseins. Die Frage, ob ich schreibe oder träume zu schreiben: ›Irgend zwei voneinander verschiedene Punkte einer Geraden bestimmen diese Gerade‹, ist nicht zu beantworten, aber der Satz über die zwei voneinander verschiedenen Punkte ist wahr, ob ich ihn jetzt niedergeschrieben habe oder nur träume, ihn niedergeschrieben zu haben. Er ist ein mathematisches Axiom. Anders ist es aber, wenn ich träumend oder wach schreibe, die Erde bewege sich um die Sonne. Dieser Satz ist kein Axiom. Habe ich geträumt, ihn geschrieben zu haben, kann auch alles mein Traum sein, die Erde, die Sonne, der ganze Kosmos, alles besteht aus einem einzigen träumenden Ich, das dachte Schopenhauer sich auch noch weg und ließ nur den grundlosen, ziellosen und erkenntnislosen Willen zurück, das Ich ist nur eine Welle im Ozean des Willens, von dieser Welle aus erscheint die Welt als schmerzliche Täuschung, als Angsttraum. Kein Wunder, daß man Schopenhauer wiederentdeckt. Aber auch in der Gehirnforschung – und damit in der Physik – stellt sich die Frage, sehe ich die Wirklichkeit, oder setzt sich das, was ich sehe, erst in meinem Kopf als Wirklichkeit zusammen, so daß die Wirklichkeit, die ich zu sehen glaube, nur Schein ist? Doch schiebe ich diese

Frage beiseite, nehme ich die Welt, wie ich sie sehe, als
wirklich, durchbreche ich die logisch mögliche Schein-
welt, stehe ich vor einem neuen Dilemma: Weiß ich mit
der Sicherheit eines mathematischen Axioms, daß sich die
Erde um die Sonne bewegt, oder glaube ich es zu wissen?
Irgendwann zwischen 1960 und 1970 saß ich in einem
kitschigen arabischen Speiserestaurant einem Ptolemäer
gegenüber. Er hatte uns mit dem Taxi von Casablanca nach
Marrakesch gebracht. Wir waren in Eile, wir hatten nur
Zeit hinzufahren, die Stadt anzusehen und wieder zurück-
zufahren, die Reise war purer Wahnsinn. Der Taxifahrer,
den wir baten, auf uns zu warten, folgte uns, als wolle er
uns nicht aus den Augen lassen. Wir brachten es nicht
fertig, ihn abzuschütteln, auch in den engen labyrinthi-
schen Gassen des Bazars nicht, wo sich der Geruch von
Leder und Gewürzen und ich weiß nicht von was zu einem
süßlichen Gestank verdichtete, immer wieder tauchte der
Taxifahrer auf, hager, die Finger gelb von Nikotin. Ob wir
nicht arabisch essen wollten, fragte er in einem verwasche-
nen Französisch, im Mund nur einige Zahnstummel, und
ermattet gaben wir nach in der Hoffnung, dem Gestank zu
entgehen, es war wie verhext. Es war alles süß, was uns in
diesem Etablissement aufgetischt wurde, Berge von Spei-
sen, die ich nicht essen durfte, eine scheußliche dicke
Brühe als Tee, laues Mineralwasser. Er hatte sich, kaum
hatten wir das Lokal betreten, auf ein Kissen gesetzt, aß
mit den Händen, tunkte Brotfladen in fettige Saucen,
fischte Fleischstücke, schmatzte. Er fragte meine Frau, ob
sie Kinder habe, dann mich, ob ich auch glaube, daß sich
die Erde um die Sonne bewege. Ich antwortete unvorsich-
tigerweise, daß ich es nicht glaube, sondern wisse. Er
drehte sich eine Zigarette zurecht, zündete sie an, rauchte

und fragte, warum sich denn die Erde um die Sonne bewege. Noch unvorsichtiger als vorher, ging ich auf die
Frage ein, offenbar vergiftet von einem aufklärerischen
Pflichtgefühl, versuchte ich das Sonnensystem zu erklären. Er glaubte mir nicht. Was ich auch vorbrachte, ihm
fehlten die Voraussetzungen, meine Indizien für die Bahn
der Erde um die Sonne zu verstehen, aber mein Wissen
war ja nicht mein eigenes Wissen, es war übernommenes
Wissen, ich dachte an Kepler, der zwölf Jahre gebraucht
hatte, um herauszufinden, daß die Bahn des Mars eine
Ellipse war und kein Kreis, wie noch Galilei geglaubt
hatte, und daran, daß Kepler diese Entdeckung nur machen konnte, weil er die Marsdaten von Tycho Brahe hatte,
der selber noch glaubte, die Sonne drehe sich um die Erde.
Ich hatte auf einmal das Gefühl, daß dieser Taxifahrer im
Grunde mehr wirklich wußte als ich und daß mein Wissen
Glauben an Wissen war. Seine Weigerung, seine Ansicht
aufzugeben, hatte etwas Großartiges. Was er glaubte,
wurde während Jahrtausenden geglaubt. Wer weiß, muß
das Wagnis des Irrens auf sich nehmen, das Wissen ent-
wickelt sich durch seine Irrtümer, dem Glauben ist Zweifeln ein Feind, eine Anfechtung. Der Wissende weiß, daß
er weit weniger weiß, als er zu wissen glaubt. Unser Wissen über die Welt stellt ein kompliziertes Gespinst von oft
auf abenteuerlichen Umwegen gewonnenen Fakten, noch
nicht erkannten Irrtümern, mathematischen Konstruktio-
nen und tollkühnen, von der Vernunft erzwungenen Vermutungen dar, das wir glauben – das Paradox des Wissens.
Doch stellt das Objekt des Wissens, die Wirklichkeit, den
Glauben an das Wissen immer wieder derart in Frage, daß
er zum permanenten Zweifeln wird: Je mehr der Versuch
zu wissen Fakten hervorbringt und Vermutungen schürt,

desto mehr wird der Glaube ans Wissen strapaziert. Nicht
nur jene werden verunsichert, die an das Wissen glauben
möchten, sondern auch der, welcher wissen will: Er dringt
immer tiefer in eine erdbebengefährdete Zone vor. Je mehr
er sich der Wirklichkeit nähert, desto hypothetischer wird
sie, bis sie sich vollends ins logisch Konstruierbare zu-
rückzieht, in die Mathematik. Insofern sich die Sätze der
Mathematik auf die Wirklichkeit bezögen, seien sie nicht
sicher, und insofern sie sicher seien, bezögen sie sich nicht
auf die Wirklichkeit, schrieb Einstein, um ›nach mehr
Mathematik‹ zu verlangen, als er mit der allgemeinen Feld-
theorie nicht weiterkam. Sein Ruf wurde gehört. Immer
mehr Mathematik kam ins Spiel, und mit ihr der Computer, der nur weiß und nicht zweifelt: »Die blutige Abendröte, der die Menschheit entgegentaumelt, um sich in ihr,
überflüssig geworden, aufzulösen, ist gleichzeitig die
Morgenröte, aus deren Feuerbad die neue Menschheit,
jene der künstlichen Gehirne, hervorgeht, sich anschik-
kend, ihren Sinn zu suchen, die Prothesen der Prothesen,
den Übercomputer, der den Computer ersetzt als Sinn des
Sinns.« Diesen Sinn freilich wird auch der Übercomputer
nicht begreifen, die Weltformel, die den Makrokosmos
und den Mikrokosmos umfaßt, die Kraft, die im Weltall
wirksam ist, und die Kräfte, die das Atom zusammenhal-
ten, die vollständige mathematische Durchdringung der
Wirklichkeit. Die Weltformel wird nicht die Wirklichkeit
sein, sondern die mathematische Interpretation der Wirklichkeit. Damit wird die Physik abgeschlossen sein. Aber
immer weniger werden die Weltformel verstehen und immer mehr bloß glauben, sie zu verstehen, bis man sie nur
noch glauben wird, wie man an Gott glaubt: Ihre Unver-
ständlichkeit wird der Beweis ihrer Richtigkeit sein. Die

Weltformel wird mit der Wahrheit verwechselt werden, das Wissen in den Glauben umkippen: Die Weltformel wird zur Kabbala, zum Fundament eines neuen Glaubens, nicht mehr begriffen, nur noch gedeutet. Die Menschen wollen glauben, nicht wissen, weil sie nur als Gläubige zu wissen glauben. Sie werden nach CERN wandern wie die Muslims nach Mekka. Die Schweiz hat noch eine Chance.

Der Mensch will Sicherheit. Die findet er in der Unmittelbarkeit des Glaubens. Je mittelbarer und abstrakter das Wissen ist, desto stärker der Hunger nach dem Irrationalen, desto größer die Chance des Fundamentalismus. In meiner Jugend wurde ich mit zwei Fundamentalismen konfrontiert: mit dem Nationalsozialismus und dem dialektischen Materialismus in seiner ausgeprägten Form, dem Stalinismus. Beide sind Religionen. Ist der Nationalsozialismus, will man ihn genau analysieren, nur tiefenpsychologisch erklärbar, gerade weil sein Ursprung so eng mit der deutschen Geschichte verwoben ist, daß er sich aus ihr entwickeln konnte, wenn auch nicht notwendigerweise, sondern als eines ihrer möglichen Resultate, herausgekocht aus dem Mythos vom Heiligen Reich, aus der Schande einer Niederlage, aus einer Mixtur von Patriotismus, Rassenwahn und Antiintellektualismus, aus einem emotionalen ›Glauben an die dem Deutschen innewohnenden Kräfte‹, so ist der Nationalsozialismus, als der Glaube eines Volkes betrachtet, eine Parodie des Judentums, das ebenfalls der Glaube eines Volkes ist. Der Nationalsozialismus äffte das Judentum nach, um es zu vernichten, und um es vernichten zu können, projizierte er in den Juden hinein, was er selber war, und projizierte aus ihm heraus, was er sein wollte – der Minderwertigkeitskomplex der Henker. Liegen so die Wurzeln des Nationalsozialismus im Emotionalen und damit im Irrationalen, liegen sie im Kommunismus im Rationalen. Er ist im Gegensatz zum Nationalsozialismus eine rationale Idee und somit durchaus vernünftig. Darin liegt seine intellektuelle Faszination. Dennoch ist er eine Religion. Jeder dogmatische Rationalismus ist Metaphysik, er kann nicht bewiesen, er muß geglaubt werden: Der Klassenkampf ist eine Theorie, die Marx in die Geschichte hineininterpretierte, ein historischer Fundamentalismus. »Die Religionen hassend, stiftete ich eine neue Religion, wie Jahwe sein Volk auswählte, wählte ich das Proletariat aus, und wie Moses dem auserwählten Volk das Gesetz Jahwes übergab, übergab ich dem Proletariat das Gesetz der Weltgeschichte.« Marx war der große Religionsstifter des neunzehnten Jahrhunderts.

Der Nationalsozialismus ist 1945 zusammengebrochen. Da er eine deutsche und damit regionale Bedeutung hatte, ging er in den Begriff Faschismus ein, den der marxistische Fundamentalismus als Feind brauchte: Jeder Fundamentalismus ist manichäisch. Er braucht einen Widersacher. Der Nationalsozialismus den ›jüdischen Bolschewismus‹, der dogmatische Marxismus den Faschismus, der Katholizismus den Atheismus, Khomeini das westliche Denken usw. Auf dem Höhepunkt des Kalten Krieges verstand der Kommunismus unter Faschismus auch den Kapitalismus. Ein verhängnisvoller Irrtum. Der Kapitalismus ist nichts anderes als die natürliche Wirtschaftsordnung der auf dem menschlichen Egoismus gründenden technischen Revolution. Er ist kein Glaube, wenn auf seinem Nährboden auch

die verschiedensten Glaubensrichtungen entstehen können. Der Kapitalismus schafft sich seine Bedürfnisse selber. Die westliche Industrie würde alle Merkmale aufwei-
sen, die Marx dem Kapitalismus zuschrieb, stellte sie nicht
Massenwaren her. Sie finden ihren Absatz nicht nur bei
einer Klasse. Die moderne Industrie ebnet die Klassen ein,
an die Stelle der Diktatur des Proletariats tritt die Diktatur
des Käufers. Der Arbeiter wird doppelt gebraucht: als
Verkäufer seiner Arbeitskraft und als Käufer der Ware, die
er durch den Verkauf seiner Arbeitskraft herstellen hilft.
Indem er sich organisiert, mit Streik droht oder gar streikt,
erzwingt er höhere Löhne und mehr Freizeit, um die
Bedürfnisse zu befriedigen, welche die Industrie mit seiner
Hilfe durch immer neue Waren schafft. Der westliche
Kapitalismus ist ein wirtschaftliches Biotop. Alle Beteilig-
ten werden gebraucht, verbraucht und brauchen, werden
ausgebeutet und beuten aus. Der Kapitalismus steht unter
dem Primat der Freiheit. Aber weil er diese zwangsläufig
im Konkurrenzkampf korrumpiert, setzt das Gegenprin-
zip ein, die Gerechtigkeit. Der Sozialismus eben. Dieser
liegt in den westlichen Industriestaaten mit der Freiheit im
Clinch. Nun steckt in der Forderung nach Freiheit eine
gewaltige Sprengkraft, die um so größer wird, wenn sie
mit der Hoffnung auf bessere Lebensbedingungen ver-
bunden ist. Weil aber diese besseren Lebensbedingungen
nur im kapitalistischen Westen zu finden sind, ist der Ruf
nach Freiheit gegen die kommunistischen Regierungs-
systeme gerichtet. Der demokratische Sozialismus, den
die Intellektuellen fordern, hat dabei keine Chance. Er fiel
dem Wortmißbrauch zum Opfer, der mit dem Sozialismus
getrieben wurde. Er wäre ein Kapitalismus unter dem
Primat der Gerechtigkeit. Erst die Not wird ihn hervor-

bringen, das Paradoxe möglich machen, nicht der Freiheitstaumel. Die Not liegt in der Zukunft. Diese rast heran. Denn die westliche Industriewelt gründet sich auf der Ausnutzbarkeit der exakten Naturwissenschaften durch die Technik. Stützte sich diese bis ins neunzehnte Jahrhundert auf die Empirie, auf die Erfahrung, waren die Beförderungsmittel bis zur Goethe-Zeit im wesentlichen noch die gleichen wie im Altertum, begann sich die Technik zur modernen Industrie zu entwickeln, indem sie sich auf die Erkenntnisse der exakten Naturwissenschaften stützte. Der Kapitalismus als die natürliche Wirtschaftsordnung dieser technischen Revolution ist seiner Natur nach keine Weltanschauung, politisch führte er nur deshalb zur Demokratie, weil er mit dem Sozialismus in den Clinch geriet. Wo dieser Clinch wegfiel oder wegfällt, diente oder dient er dem Faschismus. Gorbatschows Versuch, den Kommunismus zu demokratisieren, verwundert nur jene, die unter dem Kommunismus die Überwindung des Kapitalismus verstehen statt seine Vollendung. Der sogenannte dialektische Materialismus gründet sich auf den Glauben, die natürliche kapitalistische verwandle sich in eine ideale kommunistische Wirtschaftsordnung, welche die natürlichen Gegensätze des Kapitalismus aufhebt, aber auch den Clinch, in welchem sich Freiheit und Gerechtigkeit umklammern. Auch dieser Glaube ist auf dem Nährboden des Kapitalismus entstanden. Der Kommunismus ist die Vollendung des Kapitalismus im Hegelschen Sinne, eine Begriffskonstruktion: der metaphysische Gedanke, der einer Weltreligion zugrunde liegt, aber auch dem Glauben einer Partei, die sich als das Werkzeug der Verwandlung des Kapitalismus in den Kommunismus sieht. Diesem Glauben opferten sich Tausende von Märtyrern auf, und Millionen fielen ihm zum Opfer. Diesem Glauben zuliebe, dem Prinzip Hoffnung, wird von vielen Intellektuellen immer noch Trotzki verehrt, der Stalin zum Opfer fiel, und der Haß des Kommunismus auf die Sozialdemokratie wird so erklärbar. Deren Clinch mit dem Kapitalismus hält diesen am Leben. Auch Gorbatschow ist ein überzeugter Kommunist. Er wollte das Labyrinth seines Glaubens nicht zerstören, sondern nur renovieren, bewohnbarer, freundlicher, moderner machen. Er suchte einen neuen, einfachen, praktischen Plan des Labyrinths aufzustellen, einen, bei dem der Ausgang leicht zu erreichen ist. Er versuchte, ein demokratisches Labyrinth einzuführen. Ein Labyrinth, das kein Gefängnis ist. Ein Labyrinth habe keinen Ausgang, sagten die Labyrinthaufseher, nur einen Eingang. Ohne Ausgang sei das Labyrinth ein Gefängnis, beteuerte Gorbatschow und eilte weiter durch die Gänge und Büros, wo Labyrinthaufseher saßen. Überall saßen Labyrinthaufseher. Das Labyrinth sei kein Gefängnis, belehrten ihn die Labyrinthaufseher, sein Eingang sei sein Ausgang, das liege in der Definition des Labyrinths. Dann müsse der Eingang doch leicht zu finden sein, damit man auch leicht hinaus könne, forderte Gorbatschow, wieder in ein neues Büro verirrt. Der Eingang sei leicht zu finden, antworteten die Labyrinthaufseher, nur wer hineingegangen sei, finde den Ausgang nicht mehr, sonst wäre das Labyrinth kein Labyrinth, dessen Aufgabe liege darin, Sicherheit zu bieten, und das könne es nur, wenn der Ausgang nicht zu finden sei, darum sei die Menschheit nur in einem Labyrinth sicher. Dann sei das Labyrinth doch ein Gefängnis, protestierte Gorbatschow. Ein Labyrinth sei kein Gefängnis, murmelten schon ganz alte Labyrinthaufseher in einem

Büro tief innen im Labyrinth. Sein Eingang sei nicht bewacht, und weil sein Eingang auch der Ausgang sei, sei
auch sein Ausgang nicht bewacht, der bei jedem Gefängnis
bewacht werde. Ein Ausgang, der nicht zu finden sei, sei
das gleiche wie kein Ausgang, insistierte Gorbatschow.
Die Labyrinthaufseher im innersten Büro schüttelten die
Köpfe: Unlogisch. Was einen Eingang habe, habe auch
einen Ausgang: Diese Tatsache sei unabhängig vom Finden oder Nichtfinden, und was man nicht zu finden brauche, müsse man auch nicht suchen. Er werde den Ausgang
finden, behauptete Gorbatschow und irrte weiter durch
die Gänge und Büros. Er werde das Labyrinth einreißen,
prophezeiten einige Labyrinthaufseher, andere räkelten
sich in ihren Klubsesseln und schliefen ein: ›Das Labyrinth ist ewig‹, dachten sie noch, ›es ist das Labyrinth
unseres Glaubens.‹ Doch wie Gorbatschow weiterhin
durch das Labyrinth eilte und überall verkündete, das
Labyrinth müsse neu durchdacht, durchsichtig und demo-
kratisch werden, mit einem Ausgang für jeden, mit einem
Ausgang, der leicht zu finden sei, dachten die Bewohner
des Labyrinths: ›Was brauchen wir dann noch ein Labyrinth und wozu noch Labyrinthaufseher? Wir finden den
Ausgang ohnehin nicht, und wenn wir ihn suchen, hin-
dern uns die Labyrinthaufseher daran. Ob das Labyrinth
ein Labyrinth ist, ist uns gleichgültig. Für uns ist es ein
Gefängnis. Laßt uns das Labyrinth zerstören.‹ Und sie
zerstörten es. Und wie sie ins Freie traten, wurden sie
nationalistische Armenier, Aserbaidschaner, Georgier,
Usbeken, Litauer, Estländer, Lettländer, Ukrainer, Russen usw. Der dialektische Materialismus ist ein Fundamentalismus, der sich auf dem Glauben an seine Unfehlbarkeit gründet. Wird seine Unfehlbarkeit nur noch im

Ideologischen und nicht mehr im Praktischen gesehen,
setzt er den Nationalismus frei. Ein demokratischer Kommunismus ist eine contradictio in adjecto. Gorbatschow
ist Kommunist, wie Strauß Christ war. Wie Strauß als
Politiker nicht Christ sein konnte, vermag Gorbatschow
als Politiker nicht Kommunist zu sein. Der heutige Kapitalismus der freien Marktwirtschaft hat dagegen den Nationalismus ins Ideelle geschoben, während der Staat im
Praktischen nur noch die Funktion hat, die freie Marktwirtschaft zu garantieren und den Wohlstand für so viele
als möglich; wobei über das ›wie viele‹ die freie Marktwirtschaft entscheidet. Die freie Marktwirtschaft ist ein
Kampfring für Catcher. Jeder Schlag und jeder Griff ist
erlaubt. Dieser Kampfring ist international, wer gegen
wen kämpft, ist nicht zu unterscheiden, Rauschgifthändler
gegen Multis, Waffenhändler gegen Mafiosi, japanische
gegen amerikanische Konzerne, Bundesdeutsche gegen
Niederländer, Bundesdeutsche gegen Bundesdeutsche,
Franzosen gegen Franzosen, Franzosen gegen Bundesdeutsche, auch Schweizer sind überall darin verwickelt.
Mitten in diesem internationalen Catcherkampfring gibt
es die nationalen Kampfringe. Auch für Catcher. Für
die Politiker. Auch da ist jeder Schlag und jeder Griff erlaubt. Aber die Berechtigung dafür wird aus dem Ideellen
geholt. Sie holen aus im Namen der Freiheit, schlagen
zu im Namen der Gerechtigkeit, stemmen hoch im Namen des Vaterlands, schmettern nieder im Namen des
Christentums. Ob aber die nationalen Kampfringe den
internationalen Kampfring beeinflussen und, wenn sie ihn
beeinflussen, wie sie ihn beeinflussen, oder ob nur der
internationale Kampfring die nationalen Kampfringe be-
einflußt, oder ob alle einander beeinflussen, darüber

herrscht Unklarheit: Im Fernsehen sah ich schon einen
Astrologen Ratschläge für die Börse geben. Der abgewer-
tete europäische Nationalismus hinterläßt eine Lücke,
durch die der Irrationalismus schießt. Seine Quellen liegen
in der Furcht vor einer Technik, von der niemand los-
kommt, die immer neue Bedürfnisse schafft und die immer
unbegreiflicher wird, und im Mißtrauen gegen eine von
der Technik ausgeplünderte und von dieser immer abhän-
gigeren Wissenschaft. Die Schleusen des Glaubens sind
weit geöffnet. Der christliche Glaube wäre zu kompliziert
gewesen, um zu überleben, zu ausgetüftelt wie andere
gnostische Religionen, wäre er nicht besonders ein Objekt
der Intellektuellen geworden, der Kirchenväter. Sie zer-
fleischten sich über den Begriff der Dreieinigkeit. Die
Kirche ist eine der raffiniertesten Institutionen, sie destil-
lierte sich im Verlaufe der ersten Jahrhunderte nach Christus heraus als eine Priesterhierarchie, die das Christentum
als Dogma intellektualisierte und durch den Marienkult
und die Heiligen- und Reliquienverehrung popularisierte.
Sie stellte einen ausgeklügelten Begriffsglauben als einen
Gefühlsglauben dar und ersetzte den Glauben an Christus
durch den Glauben an sie: Die Kirche vermochte von nun
an den Menschen zu erlösen. Der Glaube an eine metaphysische Instanz wurde durch den Glauben an eine Insti-
tution ersetzt, die sich metaphysisch begründete, aus
dem Glauben wurde Gehorsamkeit der Kirche gegenüber.
(Dieser Vorgang hat sich mit den Institutionen der kommunistischen Parteien wiederholt.) Die Kirche kapselte
das Christentum gleichsam ein, für den Glauben war es zu
rationalistisch und für den Verstand zu unglaubhaft geworden, darin liegt ihre heutige Ohnmacht. Sie wird in
Achterloo durch den Kardinal Richelieu dargestellt. Er

wird von der Frau von Zimsen gespielt. Ich habe sie aus
dem Übungsstück für Schauspieler übernommen, das ich
1970 schrieb. Dort nannte ich sie noch Frau von Zinzen,
und sie lebte in einem Altersheim, neunzig, alter Adel, die
Letzte ihres Geschlechts. Nun spielt sie einen Fundamentalisten, einen Kirchenfürsten, der von einem Weltstaat
träumt, von einem ausbruchsicheren Käfig, errichtet von
einer marxistischen alleinseligmachenden katholischen
Kirche. »Der Mensch braucht Gerechtigkeit im Diesseits
und Gnade im Jenseits. Die Gerechtigkeit im Diesseits ist
nur ohne Freiheit möglich und die Gnade im Jenseits nur
durch die Freiheit Gottes.« Spielt die Zimsen im ersten
Akt einen katholischen Khomeini, spielt sie im zweiten
dessen Zusammenbruch. Richelieu verzweifelt angesichts
einer Hündin. Er vermag die Realität nicht zu ertragen.
Sein Fundamentalismus bricht zusammen: »Wir träumten
nicht nur, wir planten. Wir planten nicht nur, wir handelten. Wir zwangen den unvollkommenen Menschen in unsere vollkommenen Hirngespinste. Das ist mir aufgegangen, als ich diese tote Hündin gefunden habe, von einem
Panzer plattgewalzt. Es war mir, als läge die Menschheit
vor mir.« Das Begriffsgefüge ist am Gefühl gescheitert, am
Mitleid. Aber in der Verzweiflung Richelieus über ihre
Ohnmacht dem Elend gegenüber, in seinem Protest gegen
sich selber, ja gegen Gott, liegt auch die Stärke der Kirche.
Der Mensch wußte immer von seiner Sterblichkeit. Es war
seine erste wissenschaftliche Entdeckung, die ihn zum
Menschen machte. Er konnte nicht überleben, ohne den
Tod zu überwinden. Er erfand die Metaphysik, die Un-
sterblichkeit der Seele, die unsterblichen Götter, Gott, die
Kirche endlich. Der Tod war etwas Feindliches, der Sünde
Sold, das Sinnlose in der Schöpfung. Der Mensch achtet

die Kirche, wenn er sie achtet, nicht nur aus Tradition. Oder weil er sich eben als Christ fühlt. Zwar kann er nicht mehr an ihre Dogmen glauben, und Gott ist etwas Unbestimmtes, Vages geworden. Ein Gefühl eben. Aber ein christliches Gefühl. Vom Christentum infiziert. Darum der Antisemitismus. Darum die Furcht vor dem Tod. Dahinter schlummert immer noch die Furcht vor der Hölle. Ohne sie hätte die Kirche keine Aufgabe mehr. Ohne diese Furcht gäbe es keine christliche Kultur. Sie ist die Kultur des schlechten Gewissens. An den Sündenfall glaubt, außer den Fundamentalisten, niemand mehr, aber daß wir falsch leben, glauben fast alle. Und sie ist die Kultur der Hoffnung, daß alles nicht so schlimm werde, daß die Angst sich nicht erfülle; daß Gott – was es auch sei – gnädig ist. War ihr Anfang nicht das Wort, sondern die Angst, so hat sie sich jetzt aufgelöst in eine Kultur, in der alles erlaubt und alles möglich ist, in eine Kultur der Unverbindlichkeit.

Der Trost, den die Gefühle spenden, Gott, Unsterblichkeit, Gnade, ja Vaterland, Liebe endlich, ist warm. Der Trost der Wissenschaft ist kalt. Und die Kälte zieht die Wärme an. Auch wenn die Wissenschaft begeistert. Eines der schönsten kosmischen Objekte ist der Krebsnebel, ein zartes blaues nebelhaftes Gebilde, rot umrandet und von weiß-rötlichen Bändern umschlungen. Es sind die Überreste einer Supernova, die sich mit einer Geschwindigkeit von 1100 km in der Sekunde ausbreiten, die Sonne, die explodierte, ist zu einem Neutronenstern zusammengefallen mit einem Durchmesser von etwa 20 km, sie enthält immer noch mehr als eineinhalb Sonnenmassen und dreht sich dreißigmal in der Sekunde um sich selber. Wir sehen den Krebsnebel von außen, 5000 Lichtjahre von uns entfernt, ein märchenhaftes Gespinst; wären wir in ihm, wären wir nicht mehr. »Die Schädel meiner Präparate mit dem Seziermesser drei Jahre später zerteilend, beginne ich die Gesetze, die diesen Lebewesen zugrunde liegen, zu erkennen, sie sind erhaben, einfach und schön wie das Gesetz der Notwendigkeit, sie liegen auch uns zugrunde wie allem Lebendigen, aber ich erkenne nicht nur, ich erlebe auch, was ich erkenne, die Schönheit der Notwendigkeit wird zu etwas Entsetzlichem. Das Antlitz der Medusa starrt mich an.« Der wissenschaftliche Mensch gleicht einem, der alles über Krebs weiß und ihn hat. Die heutige Wissenschaft hat den Tod zwar ins Leben integriert, ohne Tod keine Evolution, ohne Tod wären wir nichts als ein Schorf sich ständig teilender Einzeller, die Erde bedeckend; der Mensch ist nicht erschaffen, er ist geworden. Aber es gibt nichts Schwereres, als unser Wissen in unsere Existenz zu integrieren. Gelingt uns das, entdecken wir, daß es kein anderes Wunder gibt als uns selber, das Resultat nicht nur unzähliger toter Lebewesen vor uns, sondern auch explodierender Supernovae wie die im Krebsnebel, welche die Ursonne, die Planeten und uns mit jenen schweren Elementen verschmutzte, ohne die kein Leben möglich ist. Und es ist nicht abwegig zu denken, daß der Urknall, mit dem unser Weltall begann, vielleicht das Ende eines zusammenstürzenden Weltalls war, das vor unserem existierte. Vielleicht ist der Tod der Vater aller Dinge, und weil ich es sogar zum Dr. h. c. der Theologie brachte, kann ich mir einen ziemlich leichtfertigen Gott denken, der das alles zerstreut, aber nicht unliebenswürdig geschaffen hat. »Ich bin der Liebe Gott. Geboren irgendwann aus der Unendlichkeit und gestorben

irgendwann in der Unendlichkeit, und weil zwischen zwei
Zeitpunkten der Unendlichkeit unendlich viel Zeit liegt,
so nahe sie auch beieinander liegen, kann es sein, daß ich
unendlich lange nicht mehr bin und daß ich nur eine
unendlich kurze Zeit lang gewesen bin, eine Zeit, die
trotzdem länger war als jede Zeitspanne, denn jede Zeitspanne läßt sich messen, und meine Zeit ist unmeßbar. Ich
habe eine endliche Welt erschaffen. Aus Gnade, weil eine
unendliche Welt die Hölle wäre, aus Barmherzigkeit, weil
in der Endlichkeit der Schrecken vergänglich ist, so daß
denn alles, was ich schuf, in dieser unendlich kurzen Zeitspanne, in welcher der Gedanke an eine Welt in mir aufblitzte und sich wieder verlor und, noch eingebettet in
meinen Gedanken, in der die Welt wurde, sich ausdehnte
und verpuffte, nichts anderes gewesen war als Liebe, weil
sie allein in der Endlichkeit möglich ist«, und dann antwortet er noch auf die Frage Jeannes »Bin ich verrückt?«:
»Ich war der Liebe Gott.« Übrig bleibt Frau von Zimsen,
ein verrücktes Weib, das den Richelieu spielt im Glauben,
Gott gewesen zu sein. Ich könnte statt ihrer Mathilde von
Zahnd aus den *Physikern* einsetzen, auch sie ist verrückt,
oder den Großen Alten aus *Durcheinandertal*, der die
Spielfiguren setzt und sich nicht mehr um das Spiel küm-
mert. Sie alle nehmen in meinem Welttheater die Stelle
Gottes ein, und das, weil ich mir Gott nicht mehr vorstellen kann, und stelle ich ihn mir vor, wird daraus eine Frau
von Zimsen oder der Große Alte eben. Nun wird behauptet, die Unvorstellbarkeit Gottes gehöre zu seinem Wesen
wie seine Unbeweisbarkeit. Doch wozu das noch ›Gott‹
nennen? Ein entleertes Wort: eine Groteske. Aber daß der
Liebe Gott der Christen, der Vater, der im Himmel ist, den
Goethe noch den Allumfasser, den Allerhalter nannte,

eine Groteske geworden ist, zeigt am besten die geistige Krise unserer Zeit, die anfängt, das Wunder Mensch zu entdecken und seinen Sinn in ihm selber. Die alten Fluchtwege des Menschen sind verschüttet, er beginnt sich selber zu stellen. Er war sein eigener Feind. Er muß sein eigener Freund werden. Dann erst kann er seinen Nächsten wie sich selber lieben. Jesus war vielleicht der erste wirkliche Atheist. Aber was wissen wir von ihm?

Nachweis

Achterloo entstand 1983 und wurde am 6. Oktober 1983 im Schauspielhaus Zürich uraufgeführt. Die erste Fassung des Stückes erschien zur Uraufführung im Diogenes Verlag, eine zweite Fassung erschien in französischer Übersetzung in ›Lettre internationale‹, Paris, Frühling 1986; eine dritte, stark umgearbeitete Fassung, entstanden 1986 in Diskussion mit Charlotte Kerr, erschien unter dem Titel *Achterloo III. Ein Rollenspiel* in dem mit Charlotte Kerr geschriebenen Band *Rollenspiele* 1986 im Diogenes Verlag. Der vorliegende, nochmals grundlegend veränderte Text basiert auf der anläßlich der Schwetzinger Festspiele am 17. Juni 1988 in der Regie des Autors uraufgeführten Fassung, *Achterloo IV*, und erschien erstmals in *Gesammelte Werke in sieben Bänden*, Diogenes, Zürich 1988.

Das *Nachwort zu Achterloo IV* entstand im Juni 1988, im Anschluß an die Uraufführung von *Achterloo IV* bei den Schwetzinger Festspielen 1988. 1990 Aufteilung in zwei Manuskripte, *Nachwort zu Achterloo IV* und *Abschied vom Theater*. Die letzte Bearbeitung vom 21. 11. 1990 erschien unter dem gleichen Titel in ›Göttinger Sudelblätter‹, hrsg. von Heinz Ludwig Arnold, Wallstein, Göttingen 1991, und 1992 unter dem gleichen Titel in *Gedankenfuge* im Diogenes Verlag.

Namen- und Titelregister

Friedrich Dürrenmatt
Charlotte Kerr
Rollenspiele

Protokoll einer fiktiven Inszenierung
und Achterlo III

Vor einem imaginären Publikum schreibt ein imagi-
närer Georg Büchner seine imaginäre Komödie
Achterloo auf einer imaginären Bühne für imaginäre
Komödianten, die ihren statt seinen Text spielen. Ein
Theaterstück. Eine fiktive Inszenierung. Das Proto-
koll einer fiktiven Inszenierung. Und mit breitem
Filzstift Assoziationen des Autors zur Inszenierung.
Entstanden aus Gesprächen und Diskussionen mit
Charlotte Kerr über seine 1983 uraufgeführte Komö-
die *Achterloo*, in welchen die Gesprächspartnerin
immer neue Fragen stellt, von ihr im ersten Teil proto-
kolliert als eine Art Neuenburger Dramaturgie, als
Dokument, was während des Schreibens seines
Stückes gedacht, geplant, erinnert und verworfen wird,
entwirft im zweiten Teil Dürrenmatt die Regie seiner
Neufassung unter dem Titel *Achterloo III. Ein Rollenspiel* als klassisches Welttheater der heutigen Zeit.

»Das neue Stück ist mehr als eine Neufassung des äl-
teren, es ist eine Variation über den Stoff des älteren
Stückes: Umschreiben ist ein Neuschreiben.«
Friedrich Dürrenmatt

»Ein unschätzbares Dokument. Nicht das erreichte
Ziel – die Neufassung eines alten Stücks, das ungeliebt
geblieben ist – macht es dazu, sondern der Weg. Es gibt
nichts Vergleichbares. Einer der berühmtesten Stücke-
schreiber dieses Jahrhunderts sitzt am Frühstückstisch
und erzählt, was er nachts gedacht und aufgeschrieben
hat und warum. Was diese Protokolle so unersetzlich
macht, ist der Einblick, den sie in die schaffende Phantasie des Schriftstellers öffnen.«
Reinhardt Stumm / Basler Zeitung

Friedrich Dürrenmatt

Labyrinth
Stoffe I – III
Der Winterkrieg in Tibet
Mondfinsternis · Der Rebell

Turmbau
Stoffe IV – IX
Begegnung · Querfahrt
Die Brücke · Das Haus
Vinter · Das Hirn

»Der Versuch, die Geschichte meiner ungeschriebenen Stoffe zu schreiben, zwang mich, die Geschichte einiger meiner ungeschriebenen Stoffe zu rekonstruieren. Indem ich meine alten Fabeln aufgriff, griff ich mich selber auf, allzusehr bin ich mit meinen Stoffen verwoben und in sie eingesponnen. Mein Irrtum, mein Schreiben sei dem gewachsen. Allzu leichtfertig ließ ich mich auf ein Unternehmen ein, dessen Ende nicht abzusehen war. Es ging mir wie mit dem *Turmbau zu Babel*, den ich einmal plante und begann: ich mußte ihn abbrechen, um mich von ihm zu befreien. Was blieb, sind seine Trümmer.« *Friedrich Dürrenmatt*

»Diese Autobiographie als Geschichte einer literarischen Werkstatt verliert sich nicht in klatschsüchtiger Geschwätzigkeit, in Rechtfertigungsplädoyers oder kapriziöserAnekdotensucht. Im Gegenteil.«
Frankfurter Allgemeine Zeitung

»Faszinierende Spurensicherung – zwischen Autobiographie und Dokumentation: der literarische Riese, gelassen, souverän.« *Die Zeit, Hamburg*

»Dürrenmatts ›Steinbruch‹, eine Riesenfundgrube. Das aufregendste Buch seit langem: kein einziger Schritt auf dem Trampelfeld herrschenden Einverständnisses.« *Tages-Anzeiger, Zürich*

»Ein erzählerisches Labyrinth, das ein großartig böses Spiegelbild vom Pandämonium unserer Welt liefert.«
Norddeutscher Rundfunk, Hamburg

»Ein Riesenepos, das ein Jahrhundertwerk werden könnte.« *Deutsche Welle, Köln*

Gedankenfuge

»Die in der *Gedankenfuge* zusammengefaßten Texte sind zwar bis auf einen vom Autor fertiggestellt und in einer letzten Reinschrift überliefert, doch läßt sich an ihnen die Verfertigung der Geschichten beim Erzählen noch besser beobachten als in den zuvor veröffentlichten Stoffen. Wenn man für Dürrenmatts *Stoffe* ebenso wie für seine Geisteshaltung ein Vorbild suchen wollte, würde man es am ehesten in den ›Versuchen‹ Montaignes finden. Auch Dürrenmatt teilt sich vor allem selber mit, auch er erzählt nur, will nicht lehren, gar ein System aus seinem Denken machen. Seine Aufmerksamkeit gilt den großen Mythen des abendländischen Geistes ebenso wie den Randfiguren, doch an diesen entzündet sich seine eigentliche Neugierde. Und wenn wir ihn heute lesen, spricht er mit uns, soviel Mündlichkeit sprudelt in allem, was er zu Papier gebracht hat: ›Stoff… ist die unmittelbare Antwort des Menschen auf sein Erleben.‹« *Gert Ueding / Die Welt, Bonn*

»Das halbe Dutzend Betrachtungen dieses Buches komplettiert nicht nur Dürrenmatts gesammelte Werke, es ist auch ein großes Lesevergnügen: teils dichterische Philosophie, teils philosophische Dichtung. Ein apokalyptischer Schatten fällt auf diese späte, postum veröffentlichte Prosa wie auf dem Titelbild des Buches, einem Ausschnitt aus Dürrenmatts Gemälde ›Letzter Angriff‹: es ist der Angriff seiner Totenvögel.« *Georg Hensel / FAZ*

Friedrich Dürrenmatt
im Diogenes Verlag

● **Das dramatische Werk**

Es steht geschrieben / Der Blinde
Frühe Stücke. detebe 20831

Romulus der Große
Ungeschichtliche historische Komödie
Fassung 1980. detebe 20832

Die Ehe des Herrn Mississippi
Komödie und Drehbuch. Fassung 1980
detebe 20833

Ein Engel kommt nach Babylon
Fragmentarische Komödie. Fassung 1980
detebe 20834

Der Besuch der alten Dame
Tragische Komödie. Fassung 1980
detebe 20835

Frank der Fünfte
Komödie einer Privatbank. Fassung 1980
detebe 20836

Die Physiker
Komödie. Fassung 1980. detebe 20837

Herkules und der Stall des Augias
Der Prozeß um des Esels Schatten
Griechische Stücke. Fassung 1980
detebe 20838

Der Meteor / Dichterdämmerung
Nobelpreisträgerstücke. Fassung 1980
detebe 20839

Die Wiedertäufer
Komödie. Fassung 1980. detebe 20840

König Johann / Titus Andronicus
Shakespeare-Umarbeitungen. detebe 20841

Play Strindberg
Porträt eines Planeten
Übungsstücke für Schauspieler
detebe 20842

Urfaust / Woyzeck
Bearbeitungen. detebe 20843

Der Mitmacher
Ein Komplex. detebe 20844

Die Frist
Komödie. Fassung 1980. detebe 20845

Die Panne
Hörspiel und Komödie. detebe 20846

Nächtliches Gespräch mit einem
verachteten Menschen
Stranitzky und der Nationalheld
Das Unternehmen der Wega
Hörspiele und Kabarett. detebe 20847

Achterloo
Komödie. Leinen

Friedrich Dürrenmatt & Charlotte Kerr

Rollenspiele
Protokoll einer fiktiven Inszenierung und
Achterloo III. Leinen

● **Das Prosawerk**

Aus den Papieren eines Wärters
Frühe Prosa. detebe 20848

Der Richter und sein Henker
Der Verdacht
Kriminalromane. detebe 20849

Der Hund / Der Tunnel / Die Panne
Erzählungen. detebe 20850

Grieche sucht Griechin
Mr. X macht Ferien
Nachrichten über den Stand des
Zeitungswesens in der Steinzeit
Grotesken. detebe 20851

Das Versprechen
Aufenthalt in einer kleinen Stadt
Ein Requiem auf den Kriminalroman und ein
Fragment. detebe 20852

Der Sturz / Abu Chanifa und
Anan Ben David Smithy /
Das Sterben der Pythia
Erzählungen. detebe 20854

Theater
Essays, Gedichte und Reden. detebe 20855

Georg Büchner

Werke und Briefe

Herausgegeben und mit einem Vorwort
von Franz Josef Görtz. Mit einem Nachwort
von Friedrich Dürrenmatt

Eine sorgfältig edierte, auf der historisch-kritischen Ausgabe beruhende und trotzdem gut lesbare Ausgabe für Nicht-Philologen. Enthält die Dichtungen *Lenz*, *Dantons Tod*, *Leonce und Lena* und *Woyzeck*, das Pamphlet *Der Hessische Landbote*, die Vorlesung *Über Schädelnerven* sowie *Briefe*, von denen einige bisher noch nie in einer Büchner-Ausgabe erschienen sind.

»Der liebe Gott hat die Welt wohl gemacht, wie sie sein soll, und wir können wohl nicht was Besseres klexen, unser einziges Bestreben soll sein, ihm ein wenig nachzuschaffen… Da wollte man idealistische Gestalten, aber alles, was ich davon gesehen, sind Holzpuppen. Dieser Idealismus ist die schmählichste Verachtung der menschlichen Natur. Man versuche es einmal und senke sich in das Leben des Geringsten und gebe es wieder in den Zuckungen, den Andeutungen, dem ganzen feinen, kaum bemerkten Mienenspiel… es darf einem keiner zu gering, keiner zu häßlich sein, erst dann kann man die Menschen verstehen.« aus: *Georg Büchner, Lenz*

»Es gibt in deutscher Sprache kein grandioseres Volksstück als den *Woyzeck* und im Umkreis der nachklassizistischen Dramatik keine blutvollere Historie als *Dantons Tod.*« *Egon Friedell*